史源学实习及清代史学考证法

陈　垣　著

陈智超　编

U0785182

创于1897 商務印書館 The Commercial Press

2016年·北京

图书在版编目（CIP）数据

史源学实习及清代史学考证法／陈垣著；陈智超编.—北京：商务印书馆，2014（2016.11 重印）

ISBN 978－7－100－09521－1

Ⅰ.①史… Ⅱ.①陈… ②陈… Ⅲ.①史源学 ②史学史—中国—清代 Ⅳ.①K05②K092.49

中国版本图书馆 CIP 数据核字(2014)第 112833 号

所有权利保留。

未经许可，不得以任何方式使用。

史源学实习及清代史学考证法

陈 垣 著

陈智超 编

商务印书馆出版

（北京王府井大街 36 号 邮政编码 100710）

商务印书馆发行

三河市尚艺印装有限公司印刷

ISBN 978－7－100－09521－1

2014 年 7 月第 1 版　　开本 880×1230 1/32

2016 年 11 月北京第 2 次印刷　　印张 5 3/4

定价：30.00 元

编者前言

陈垣先生不但是大史学家，也是大教育家。人们对他作为史学家这一方面了解得比较多，研究得也比较多，而对于他作为教育家这一方面，了解和研究都比较少。究其原因，一是他的教育成就为史学盛名所掩；再则是他的学术成就可以从他的著作中探寻，而他的许多教育成果，只有亲身受业的学生才能体会，而这样的学生，今天可以说是凤毛麟角了。

多年来，为了继承和发扬陈垣先生在教育方面留下的宝贵遗产，我做了一些工作。首先是尽可能收集他的教材，包括讲稿、办学文件、题词、教学日记以及批改的学生作业等等，并将部分内容收入《陈垣全集》中；其次是撰写了一系列评介他学术成就的文章，后来收入《陈垣——生平、学术、教育与交往》一书中。本书的出版，则是为了进一步介绍他在教育方面的成就。

陈垣先生在教育方面的成就是多方面的，一本书不能完全涵盖。本书重点在以下三个方面。

第一，是他的创新精神。他在教育方面的创新体现在有先进的教育理念，新颖的能启发学生主动性、积极性的教学方法，新创的课程，包括九十年来沿用至今的“中国史学名著评论”、“中国历史要籍选读”和“史源学实习”课，以及现在应该效法的文理科本科生必修课“大一国文”等。本书着重介绍他的“史源学实习”和“清代史学考证法”两门课，以及他在这两门课中展示的教育理念和方法。

第二，是他对教育事业的献身精神。他多次对学生说，我教书不苦闷，我是陪你们读书，看到你们好的卷子真喜欢。他对同学极端负责，对教学的每一个环节，从规划到备课、上课、批改作业，都认认真真，一丝不苟。这在本书中有具体、充分的体现。

第三，是教学与科研的有机结合。作为教师，教学与科研在时间上是有矛盾的。有些人侧重一面，有些人甚至专取一面而放弃另一面。陈垣先生则是把两者巧妙地结合起来，相互促进。关于“史源学实习”课，他曾先后以《廿二史劄记》、《日知录》和《鲒埼亭集》作为教材。当他以《日知录》作为教材时，课程交替使用“史源学实习”和“清代史学考证法”的名称。本书收录的是他以《日知录》为教材时这两门课程的听课笔记，结合他当时写的有关《日知录》的文章和教学日记，可知他的课程是和他的《日知录校注》这部著作互为表里、互相补充、紧密结合的。

本书的具体内容包括：

一、“史源学实习”课的三份课程说明。20世纪30年代的一份说明为，“择近代史学名著一二种，一一追寻其史源，考正其讹误，以练习读史之能力，儆惕著论之轻心”等。

二、1947年9月至1948年6月陈垣先生在辅仁大学讲授“史源学实习”课的教学日记以及1948年10月至1949年6月讲授“清代史学考证法”课的教学日记及札记。这两门课程名称虽异，但在以《日知录》为教材时内容相同。上述两年，他正是以《日知录》作为本课教材。

三、1947年9月至1949年6月李瑚先生听这两门课程时的课堂笔记。1949年1月底北平和平解放，形势变化，在这份课堂笔记中也有所反映。

四、陈垣先生在教学过程中写的三篇范文。

五、“图版”部分。这里还收入了这两门课程的学生座位表、签到表及陈垣先生批改的刘翰屏、李瑚两先生的“史源学实习”课作业。

最后简述本书出版经过。今年年初当我与商务印书馆丁波先生谈及陈垣先生“中国史学名著评论”讲稿及本书内容时，他立刻意识到它们的重要性，表达了出版意愿，并为减轻读者负担，将这两部可称为姊妹篇的书分开出版，不久就签订了出版合同，并在合同签订后高效配合交稿、定稿的工作。李瑚先生今年已八十有七，因身体关系，委托我代为誊清，我对照陈垣先生《日知录校注》的有关内容，认真誊改。商务印书馆编辑要二峰、张文华负责本书的编辑工作，肖尧先生负责本书扫描工作，中国人民大学历史系博士生郑庆寰、詹夺为我录入文稿。各方密切合作，使本书得以在较短时间内高质量完成。在此，我向他们表示深切的谢意。

陈智超

2013 年 4 月 30 日

目　录

史源学实习课程说明

一

择近代史学名著一二种，逐一追寻其史源，检照其合否，以练习读一切史书之识力及方法，又可警惕自己论撰时不敢轻心相掉也。

教科书本年拟用赵翼《廿二史劄记》。参考书即用《廿二史劄记》所引之书。

二

择近代史学名著一二种，一一追寻其史源，考正其讹误，以练习读史之能力，儆惕著论之轻心。

历史研究法的史源学大概分四项：一见闻，二传说，三记载，四遗迹。

今之所谓史源学实习，专指记载一项。考寻史源，有二句金言：毋信人之言，人实诳汝。

空言不能举例，讲授不便，贵乎实习。

孔子曰：我欲托之空言，不如见诸行事之深切著明也。

庄子（?）曰：临渊羡鱼，不如退而结网。（超按：见董仲舒《贤良对策》引古人之言。）

练习、临摹、选书。

选书有四难：一分量，不大不小；二时代，不远不近；三范围，不广不狭；四品格，不精不粗。

三

取清儒史学考证之书如顾氏《日知录》等为课本，注重实习，因其所考证者而考证之，观其如何发生问题，如何搜集证据，如何判断结果，由此可得前人考证之方法，并可随时纠正其论据之偶误，增加本人读书之经验。研究生必修。每周二小时，全年四学分。

（此说明为秘书所抄）

史源学实习和清代史学考证法教学日记及札记

（1947年9月至1949年6月）

教学日记

卅六年九月史源学实习，上午九时至十一时，二〇九教室，星三，《日知录》

九月廿四　八卷四页“长策也”

十月一日　假。《日知录》引唐割属东川六州制考

八日　《日知录》卷八史源

十五　去南京

廿二

廿九　十八页“都令史”条止，《日知录》八“停年格”条注引辛琡考

十一月五日　二十一页“子美诗”止

十二　假。《日知录》卷九史源

十九　三十四页“之材与”止。述月来检书之兴趣，廿六交卷；《日知录》卷十史源，十二月三日交

廿六　九卷九页“戴叔伦”止

十二月三日　唐置采访使原委，卷十一史源，九卷三十一页
十日　十卷二十一页止
十七　十一卷一页“不应若此之重”，十二卷史源
廿四　十一卷十八页“少矣”
卅一　十一卷四十四页“丁环”，十三卷史源

卅七年

一月七日　十二卷十九页
十四　学期考，《日知录》九“封驳”条唐故事考
廿一　寒假
廿八　寒假
二月四日　寒假
十一　旧元旦后一日，寒假
十八　寒假
廿五　注册
三月三日　十二卷二十八页，二十页《周书·韦孝宽传》百里种五树解，十四卷史源
十日　十三卷九页
十七　十三卷二十页前半，十五卷史源
廿四　南京
卅一　十三卷三十一页六行，十六卷史源，十四日交
四月七日　春假
十四　十三卷四十四页八行
廿一　小考，十七卷史源，五日交
廿八　十四卷十七页
五月五日　十五卷十八页止，文翁石室考，十八卷史源
十二　十六卷十二页
十九　十七卷十五页，十九卷史源

廿六　十七卷二十九页前半
六月二日　十八卷十三页
九日　十九卷完
十六　大考
廿三　暑假

卅七年九月清代史学考证法，星五，上午九时

九月廿四日　南京
十月一日　纪念
八日　泛论《日知录》，本年从一卷起
十五日　三页前半
廿二日　六页六行
廿九日　运动会
十一月五日　十页一行
十二日　纪念
十九日　十三页十一行
廿六日　十七页九行。小考题，《日知录》卷一考证法
十二月三日　二十一页背一行
十日　二十五页完。《日知录》卷一引书考，某条书名、卷数、撰人、板本
十七日　一卷完
廿四日
卅一日
卅八年
一月七日
十四日

廿一日	
廿八日	
二月四日	
十一日	
十八日	
廿五日	
三月十一日	
十八日	
廿五日	二十卷六页十九行
四月一日	九页刚完
八日	十四页背九行
十五日	春假
廿二日	十六页十行
廿九日	二十二页前面完
五月六日	二十六页六行
十三日	三十一页一行，拟续讲二十三卷
廿日	二十三卷一页前半页
廿七日	八页二行
卅一日	星二，四年级考试，十时至十二时
六月三日	十二页背八行
十日	十六页完
十七日	十九页背七行
廿四日	

札　记

一

苦于不知读何书，又不知如何读法。

因人所读之书而读之，知其引书之法、考证之法、论断之法。知其不过如此，则可以增进自己上进之心；知其艰难如此，则可以鞭策自己浅尝之弊。

《日知录》是日记式，故有时引书甚长，如卷八孙洙论资格、杨万里论选法，所以自便检阅。若《亭林文集》，则未有引一大段书者。今日作论文不得以《日知录》为借口。

有时求之过深者，如卷八“铨选之害”条，40页绍兴三十二年及淳熙元年一段，见于《通考》三十八，而诸君引《系年要录》及《中兴两朝圣政》是也。

找史源以无书名、无人名者为难，若有书名、有人名则不足贵。卷九33页“辅郡”条“金都大梁”一段，无人名。

二

《日知录》出处，有注在引文后者，可以知引文之所止，其法甚善。但有时又有不知引文所起之嫌也。卷十七14页“大臣子弟”条，引《山堂考索》，宋开宝元年事，之前有后梁开平三年事，不检原书，无由知其从梁起抑从宋起也。

引书不知所止，则每易混今文为古文。如《日知录》卷十二25页“漕程”条，引《山堂考索》文，而其后有评论明朝漕运之语，黄汝成《集释》即误以亭林之言为《山堂》之言，曰“今观俊卿所述，在当时弊已如此”。其实俊卿原文并未批评利弊，言其弊者亭林耳。此不检引文所止之病也。

李瑚听讲笔记

（1947 年 9 月至 1949 年 6 月）

“史源学实习”听讲笔记

（1947 年 9 月至 1948 年 6 月）

李瑚记录，未经讲课者审阅，陈智超誊清

天下之学问极多，如公园百花开放，宜各本其兴趣深求，不必与天下尽同，亦不必与己相合，所谓“道并行而不相悖”。

史源学皆求其根源，俗云“打破砂锅问到底”。此课为吾所首开。我之学问，小儒之学，如汉章句之学。史源学十五年前在北大开过，选此课者当皆已成材。今日宜造成为学问而学问，养成研究学问之风气。在北大用《廿二史劄记》，在辅仁用过《鲒埼亭集》，现在用《日知录》。

《日知录》距今只三百年，彼所见之书，今日率多能见之；而今日所能见之书，未必彼能见之。

《日知录》版本，最早为亭林先生自刻本八卷，康熙九年刻。研究亭林先生作学问经过者，可用此本。一为潘耒刻本。潘有《遂初堂文集》。遂初堂本为康熙三十四年刻，为三十二卷祖本。

我读书并非用功而是嗜好。在哈佛研究院（哈佛燕京学社?）任职一年而无作品成绩，司徒雷登先生云："并非懒，只是无大作而已。汝等读书人已成嗜好，岂是懒哉!"叹为知己之言。

《日知录》亭林先生自谓分三类，《四库提要》分十五类。顾氏云上篇讲经术，中篇讲治道，下篇讲博闻。见《亭林文集·与人书》。受信人为顾氏所不喜，不愿以其名置己集中，或已变节而改之，或根本无此信，文成无题而书"与人书"。上篇前七卷，中篇第八卷至十七卷，下篇十八卷至三十二卷。

上篇关于经术（上古史），不敢讲。经史不分。我对于经书疏忽，以待高明。自第八卷讲起。

黄汝成《日知录集释》。道光十四年黄氏刻本，广州、湖北翻刻。

点句、抄书找出处。不说明用古人句而置己文中作为己言者，次之。最要者为说某书之语，然后找其书找其句而对之。

亭林先生为清代学者第一流，用今日引书法衡量，尚有不精密处，然不可厚非古人，正应以此看古人引书之法。

欲作史学家，读书非上瘾不成。

《日知录》在清人眼中比之宋王应麟（伯厚）《困学纪

闻》二十卷，作法亦相类。有人赠钱大昕诗："困学前惟王伯厚，日知近有顾亭林。"因钱氏作有《十驾斋养新录》，意谓此书可与鼎足而三也。前二十年我批评钱书后来居上，作法精密。抗战以后又觉不够，《困学》、《日知》更有精神。王氏为宋亡后人，顾氏为明亡后人，作书字里行间时常流露其精神。《困学纪闻》尤胜于《日知录》。现在用《日知录》作课本，因距今较近，易于检查。

我以前开过"清代史学考证法"，曾讲过《日知录》。

第八卷，治道。第一条"州县赋税"。不用我的方法，则不能分别何者为顾先生之语，何者为古人之语。顾氏引书用前人书中之语与自己之语相连，"天衣无缝"，以此为能，极难看出。可以不找史源，先念一遍试试，然后找其所引之书相对，学其引书之法，注意顾氏所改之书。

我陪你们读书。自己乱碰亦可。或于其他学问有所得。

与古书对，不相同之处有二因。一为顾氏所改。看顾如何改，如同从亭林先生学一般。二为本子不同。非考证事情，乃是为学方法。本子不同亦有因。又可用亭林先生所引以校今日之本。今日所见多清代所刻，亦或有错。此又为校勘学之一法。

古人有引《汉书》者，与今日不同，一因引错，一因今本与古本不同。例如《太平御览》所引为北宋初之《汉书》，与今日之《汉书》不同，可以用古人所引校正今日之《汉书》。荀悦《汉纪》为见最早之《汉书》者，可用。然又焉知非荀悦改《汉书》之文，若非改易，则最可信矣。

亭林先生所引书之本与今日之本如有不同，则需注意。可以得校书、引书之法。

找出亭林所引之书需写卷数。老辈引书不写卷数，今人不可。如从《日知录》转引其书，则需写明。

亭林先生有时引一大段古人之言，其中“予”、“余”、“吾”为亭林抑古人，“今”为何时，“近世”为何世，须分清。“国朝”、“国初”为哪一国呢？原本很多，今本甚少。潘耒本刻时已改“国初”为“明初”。亭林先生为万历时生人，死于清朝。归入何朝，应视其志愿如何。看其生平事业及所著书，应以为明人。潘本刻于顾氏死后十几年，“我朝”、“本朝”皆改为“明朝”。

以前琉璃厂发现一抄本，在潘刻本之前，现归张继。黄侃（季刚）曾作《日知录校记》，即以张氏康熙年间抄本为底本，由中央大学出版组刊行。如自己有书，宜先校对一过改正。

“州县赋税”条又引《明实录》，此书前几年极难得，现在可以看到。

《日知录》所引之书，皆先记于本中，不找到原书不能标点。

需用之书在什么丛书中有，用什么方法找需用之书，为作论文第一步骤。

《日知录》卷八第二条为“属县”，布置作业题为《〈日知录〉引唐割属东川六州制考》。

（以下布置学生抄录《四库全书总目提要》卷一一九子部杂家类《日知录》提要，此处从略。）

“属县”条引唐宪宗元和元年割属东川六州制。考此制，可先用《通鉴》，以知六州之名。用《唐会要》亦可，因分类，易找，在《州县改置门》中。但两者均不载制文。制文载于《唐大诏令》，此书为后人作翰林拟制诰作参考。《唐会要》载，因平刘辟之乱，乃割西川所管六州隶东川。故《唐大诏令》载此制文在卷一二四《平乱门》中。亭林先生以“割属东川六州”名此制，实不可为法。今人宜如此写：宪宗元和元年平刘辟，诏割西川六州隶东川。亭林说“此虽一时之言”，引《唐会要》宜多引，以解释亭林之言。《全唐文》清嘉庆时作，易找，不可用。《唐会要》，元和四年正月复旧，故亭林以为是“一时之言”。

考证文须多提行，文长更须有小题目。根据本子不同，有字句之不同，若皆引出，则嫌琐碎，与校勘家不同。

其他书皆不可见时，始可用《全唐文》。《全唐文》为清人所编，为官书，无出处，不足征也。严可均《全上古文》为私书，有出处。《全上古文》为简称，若单用，则可称《全三国文》、《全北周文》。《全唐文》不注出处，恐人攻击。更加为“钦定”，恐皇帝抽看，若偶有一二字误尚可原谅，或书注错则不可原谅，故不注出处。又因多用自《文苑英华》、

《册府元龟》、《太平御览》、《太平广记》，此宋代四大类书，若全注《文苑英华》，编《全唐文》何用?《韩昌黎集》等文集整部抄入，甚不好看。凡有全集，则只录其目即可。编时未请严可均，严可均作至五代。

《日知录》卷八“州县赋税”条，先点句，找出其所引书目（用别本记出）。此条分数段：(1) 王士性，(2)《太祖实录》。找到原书，看其引文止于何处，否则难知主体，“余”、“予”不知何指，“今”字不知何时。段之内有时还须分节，以提行为段，不提行者为节。或载原注亦皆要找出。黄氏《集释》做得一塌糊涂，不必管。

今日读书做学问极易，钱大昕先生求一书用四十年，今则有图书馆。

明《太祖实录》五六年前全北平无几部，因无刻本，惟有写本。三品以上官皆可抄写。《清实录》有《东华录》代之。无列传，列传单行。《明实录》编年之外有列传。北平有二三部。梁鸿志印出，汉奸之赐也。《明实录》各朝不同，大小、行款皆不同。

抄书容易校书难，故错误甚多。

去年此时我卖了一部，因为要用钱，卖了 52 万。

《明实录》可引年号不引卷数，若一年中有数卷则需引。《太祖实录》每卷下应注明某年，作成目录。《春秋》、《左传》则引某公某年即可，若引卷数反无印象。

天启距洪武二百多年，故不能在一书，为另一节。

引书之后，须写至何处止。

自己之本记页数，发表之文不必写，以免琐碎。

《熹宗天启实录》若无此语，则须想什么书有。用小孩拆钟表法作之。

亭林先生言为一节，仲长统《昌言》为一节。仲《后汉书》有传。仲长统之书有无，若无，须找出自何书。

范晔《酷吏传》、《后汉书·马援传》、《华阳国志》、《水经注》、《赫连子悦传》止于何处，看其引书法、组织法。

亭林先生抄书最勤，有抄其言，有抄其事，如仲长统之二言、范晔语皆是。

《集释》应如此作：王士性，字某某，何处人，何时人，《广志绎》在何丛书何本，黄氏何释。引书后应注以上见卷几。"《太祖实录》"下写卷几，或"未许"之下写卷几。引文甚短则不必写"以上见"三字。每行顶格，第二行低一格。

《〈日知录〉八"停年格"条注引辛璈考》，考出来以后作成一篇五百字以内的文章。

《日知录》卷八各条之史源。"州县赋税"条，王士性《广志绎》，至"不自觉耳"止，见卷一，《台州丛书》本。前面引处不必写，因顾氏已经引出，顾头不顾尾。

应写大字，小字为旧派。艺文志、地理志可以有大小字，其他皆不必写小字。此为我的规矩。

引《广志绎》有一数目，临洮四十八万，而《日知录》改作“四万四千”，亭林觉临洮不应如此之多也。

崔铣之语不可考。

史料如漏斗，渐渐集中，有一时期见不到。

戴东原不看唐以后之书，实有至理，唐以前皆有之矣，埋藏地下者除外，愈往后愈庞大。

《皇明经世文编》政议中亦无“天启四年巡按山西李日宣”云云，但已有时、地、人，应易找。在《天下郡国利病书》中，卷四八作天启四年四月事，亭林先生另有所据耳。

仲长统《昌言》，先考《后汉书》本传，无，再自《玉函山房辑佚书》中所注之书而找之。注在《通典》，应在《通典》中找之。老太太仍在，少奶奶不可当家也。《玉函山房》为流而非源，因《昌言》之源已经淹没，故《通典》可以为源。严可均《全后汉文》与《玉函山房》相等，为流。

“范晔《酷吏传》”云云，见序，应注明序。

《后汉书》有两种卷数。一为殿本，靠不住，列传应置于最末，而殿本置于本纪之后，相差四十卷。故与引《史记》、《前汉书》不同，《马援传》应引作列传十四，不应引作《后汉书》五十四。王先谦《后汉书集解》即作列传十四而非五十四，百衲本亦然。

引《水经注》，卷数之后应写明见某水条，如《水经注》四十“渐江水”条。

"属县"条。"今考《地理志》"，应注明为《新唐书》或《旧唐书》。

引《通典》、《通考》，不可只引卷数，更须引某某典。因《通典》卷数与某典卷数不同，如《通典》三三《职官典》十五。

《册府元龟》须引书边上之类门。

引《左传》不必引卷数，引某公某年即可。

"府"条。引王明清《挥麈录》，《挥麈录》有前录、后录、三录、余话，此处亦注明为《挥麈前录》卷一，所引止于"皆以潜藩拥麾之地也"。

同上条，《玉照新志》不可引《说郛》，随意抄节，非全文。《玉照新志》原书存，何能引《说郛》？所引至"升蜀州为崇庆府"止，下之"沿至于今"为亭林语。若不知《玉照新志》止处，则所谓"今"，相差六七百年矣。

"乡亭之职"条。引《宁成传》，应记卷数及总传，为《汉书》九十《酷吏传》。

同条引李冲上言，《李冲传》应找《魏书》及《北史》，此所引乃《魏书》一一〇《食货志》语。

同条引《唐书·代宗纪》。有人称《新唐书》为《唐书》，亦有人称《旧唐书》为《唐书》，因新、旧为宋人以后所加。此段见《旧唐书》十一《代宗纪》，《新唐书》不载。

同条引《后汉书》之《爰延传》，殿本在卷七八，王本在卷三八，应注《后汉书》列传三八。

“里甲”条。引常熟陈梅语，如找不到出处，不知所引止于何处，则“愚故为之说曰”之“愚”不知所指。《亭林余集》有《常熟陈君墓志》，陈梅字鼎和，此“愚”乃陈梅自谓也。

“掾属”条。引《京房传》，《前汉书》有二《京房传》，一在《儒林传》，一在列传，此见卷七五列传。故须翻原书。

同上条，引魏玄同之疏，前辈得书不易，故引如是之长，今人不可引如是之长。

书难得者多引，否则少引，易见者甚至不引。碑文或人皆不注意之文可多引。或便于说明者则须引原文。

同上条，玄宗时张九龄上言，《旧唐书》九九《张传》不载，应用《新唐书》一二六《张传》。《曲江集》十六有，当引《曲江集》。今日《新唐书》名气大，故二者皆可引。魏玄同疏则《新唐书》略，而《旧唐书》详。

“都令史”条。注引《续汉书・百官志》，实引自《后汉书》三六《百官志》，为潘耒所改。

同条引南齐陆慧晓语，应见《南史》四八，而非《南齐书》四六，因《南齐书》少两句。

关于作文加注问题，因说明不可不用注，此百官志、艺文志、地理志不可不用注。诗赋因限以字数，或人不易解，则需加注。《北齐书》颜之推作《观我生赋》，即其注亦选入。

《史通》因骈文，有时说不清，故须注。除此之外，可以不注则不注。作文不加注为难事，譬如其中有疙瘩，笔力能及，可利用此疙瘩，如抹墙有用洋灰作疙瘩墙。文体亦然。

卷八“停年格”条。顾亭林自注：“辛琡为吏部尚书，上言：‘黎元之命，系于长吏。若使惟取年劳，不简贤否，义均行雁，次若贯鱼，执簿呼应，一吏足矣。数人而用，何谓铨衡？’书奏，不报。”遍检诸史，无辛琡，惟反对停年格者有薛琡，“辛”应为“薛”之讹。稿本“薛”字被虫蠹食，只余“辛”字，潘本遂据此而刻。亭林所引者为《北齐书》二六《薛琡传》。此传脱一节，遂误薛琡为吏部尚书，用《北史》二五《薛琡传》校，知为吏部郎中之误。郑樵《通志》及马端临《文献通考》称薛为吏部郎中，不误，但误薛琡为薛淑，知引自《通典》，非直接引自《北史》。是故一薛琡也，《日知录》误其姓，《通典》、《通志》、《通考》误其名，《北齐书》、《通鉴》、《日知录》误其官，惟《北史》不误，《通志》一五三列传引《北史》，亦不误。

卷八“都令史”条。“《金史》皇统八年”云云太笼统，今人应细书“《金史》五二《选举志》二”。“正隆二年”应作“元年”。所列以令史官至宰执者，人名有错，“粘割斡特勒”应为“粘割斡特剌”，“董师中”应为“董师古”，“马谋”应为“马琪”。

同条第二段，引“《旧唐书》许子儒”云云，许子儒《旧唐书》、《新唐书》均有传。然顾氏所引皆与之不同。《新唐书》改《旧唐书》之法与《南史》、《北史》不同。《南》、《北史》多用原文，删、改、增、钩（乙），《北史·薛琡传》即用增、钩之法。《新唐书》改《旧唐书》则为另作，改易甚多。亭林此段，初刻据《旧唐书》，后又据《册府元龟》六三八改之，故与《旧唐书》不同，但段首不改《旧唐书》之名。此为顾氏引书之一例。

看书讲行款。看原来若干字一行，黄汝成据潘耒本作《集释》，因加入己注，故行款改变，此有二弊。潘本原来提行者，而黄本加注后往往到底脚，与下一段相连，不易分段。潘本有时本身到脚，而黄氏未注意，以为系一段而连之矣。本条第三段“胥吏之权”云云，黄氏本即与前段之末“为著令也”相连。分段之法，或空一格，或第一行顶格、第二行以下空一格，《日知录》每行均顶格，故不易分辨其分段。

同卷“吏胥”条。首段可见亭林引书之法有两种，一引材料，一引句语，等于引典故，即一引事，一引话。首段即全引句语，“故曰”云云，“又曰”云云，均引自《尚书》。“今夺百官之权”云云，似引《尚书》之语，实为顾氏之语。“郭隗之告燕昭王曰，亡国与役处”，见《战国策》九《燕策》。此段四行半之中有三句古人之语，谓之“金镶玉”，此即引古人语也。

本条第二段，“唐郑馀庆”云云，郑馀庆旧、新《唐书》皆有传，此处用《旧唐书》,《新唐书》较略。“韦处厚”云云，用《册府元龟》。《册府》有一千卷，应注卷数，否则如寄信，但写“北平某某人收”，如何能找到。用《册府》，既应注卷数，还应注门名。引文之后注明出处极好，不必注其所止之处矣。如说“《旧唐书》曰”云云，则不易知引文止于何处。我作《元西域人华化考》，如“姚燧”云云，末注“《牧庵集》卷三”，此法亦可。

我写信好点句，以防人不明白；又恐对方不喜，好似怕人不懂者。故须看对方情形而点或不点句。我则愿人写信与我者点句。

本条第三段，亭林先生只言“谢肇淛曰”云云，应在“职此之由也”下加注“《五杂俎》十四《事部》”。现在有人名目录、书名目录，有人名可找其所著之书，如书多，则想其言应在何书。

本条第四段,“又曰”云云，亦谢肇淛语，应在段末注“见《五杂俎》十五《事部》”。

同卷“法制”条。“秦始皇之治”至“而秦遂以亡”，应注“见《史记》六《始皇纪》三十五年”。引《通鉴》可以不引其纪年。因《通鉴》记南北朝时事用南朝纪年，若南朝事可用南朝年号，若北朝事而冠以南朝年号，殊觉不当，故不引其纪年。又引“太史公曰”云云，《史记》一百三十篇，此在何处？故应注“见《史记》一二二《酷吏传》序”。所引杜甫诗，不可注卷数，可注题目，因杜诗不同版本，卷数均不同，公同之处，惟在题目。引书要找公同标识。《史记》可引卷数，杜诗则不能矣。

引文多引或少引要注意。亭林《日知录》为日记体裁，预备自己看的，即所谓“日知其所无”，故可以多引。《亭林文集》则无多引。如作大论文可以多引，短论文则不可。

如果念书，开卷有益。现在最苦无可念之书，可以随他人而念。他人所读之书，如何引用，如何剪裁，如何配置，如何考证，如何论断。如觉甚易，不过如此，益可增进自信力；如知甚难，亦可鞭策自己浅尝。

你们文章有时求之过深，其实甚浅，如打拳，打到即可。卷八“铨选之害”条第三段，“吏部侍郎凌景夏言”云云，“参知政事龚茂良言”云云，其实均引自《通考》三八《选举考》。你们注《建炎以来系年要录》及《皇宋中兴两朝圣政》即求之过深。

你们在现代、在北平太有福了。我们新会为广东六大县之一。四十年前我读书时，新会没有几部“廿四史”。新会陈氏本家曾印过，每部需二三百元。竹简斋“廿四史”三十六元一部。县中谁家有“廿四史”，大家都知道。晚上提了灯到人家找来看。你们藏书有如过去大史家所藏，可以傲古人矣。顾氏因书难得故全抄。今人指明出处即可，不必大抄。

抄书应与原来行款相同。

念《左传》不易，须一年多才能背，才知出处。现在可以查《十三经索引》，不亦易乎。

“法制”条第三段，全段之末注“宣公十二年《传》解”，此法最好。因杜预（元凯）《春秋左氏传集解》甚少人读，故须注之。

同条第五段，“宋叶适言”云云，叶之《水心集》较《汉书》难得，“前四史”多有。我们念书时，光绪初年石印书已有，大书局多广东人开，用最初殿本影印“前四史”。最贵二十元，便宜可看。五十年前新会有二十几部“前四史”，《水心集》则少矣。张元济即因印《四部丛刊》而被举为院士。

本段“宋叶适言”云云之末，应注“《水心集》卷四”。“又曰”之上，应加卷数。

本条第六段，“陈亮《上孝宗书》”云云，陈亮文集更难找，应书明“见《龙川集》卷一”。

本卷“省官”条。第一段，“屡见于史而总之曰”至“乃十存一焉”，应注明来源“《后汉书》一下建武十三年四月条”。

本条第二段，“晋荀勖之论”至“所谓省事也”，应注“《晋书》三九本传有《省吏议》”，但此非原文，乃顾氏隐括之词。意思一点不走样则可，然亦危险。如不书明引某人者，可以隐括其词，如《汉书》之抄《史记》，范晔《后汉书》之抄诸家《后汉书》。

本卷“选补”条。“是汉时县令”云云，是顾氏批评之语，同上一条第二段“此探本之言”。“今天下儒非儒，吏非吏”之今，指明末。

本条第二段，全为于慎行《笔麈》之文，而黄氏《集释》在“而不知其非体也”之中引“杨氏曰”一段，以为《笔麈》文止于此，极不好。

本条第三段，可先划分为几小节，再查其史源，学亭林组织之法。“宋神宗诏”云云，《宋史》十五作“七路”，亭林据《通考》三八《选举考》改作“八路”，因后增湖南一路，不能算错。又“川陕”为“川峡”之误。异同与错误不同，不能证其为错误之前，只称为“异”。

本条第四段，亭林只注《册府元龟》，应注明“卷六三一《条制门》”。

本条第六段，万历末顾大韶作《竹签传》，此书未找到，《明文海》中亦未见。史源只能找出八成。三百多年前之书，十之八九仍可能看到。

同卷“停年格”条。第二段，至“不堪其命故也”止，为《魏书·辛雄传》。

本条第五段，“宋孙洙资格论曰”，应作“宋孙洙论资格曰”，《宋史》三二一本传不载，见《宋文鉴》一〇三《策类》，并见《山堂考索》续集三九《资格篇》“资格之弊”条。《山堂考索》有前集、后集、续集、别集，应注明。

本条第六段，《金章宗本纪》，及《张汝霖传》亦可能有。亭林用《章宗纪》，其实查史源之前即可略知，因此段称“平章政事张汝霖”，如为本传，则不应有“张”字。

明修《元史》，以实录为底，又以实录改成一传，为大篇幅，不忍割爱，乃皆留之。在本身不好，今人却可利用以资对校。敦煌、新疆所出皆旧纸，今人以为宝，如出诸史更好。

卷九“封驳”条。“史源学实习”课作业所考，分两种，一为事，一为文。此条原注中皆为事，做作业时，如袁高封还卢杞量移饶州刺史制事，可书袁高事，不能称卢杞事。许孟容封还擢齐总为衡州刺史事，应称许孟容事，见旧、新《唐书·许传》。衡州应作衢州，一在湖南一在浙东，先看祖本，未必是亭林先生之误也。黄侃所据是雍正抄本，不是顾氏手本，如亭林先生生前所刻八卷即作衡州，则顾先生须负责矣。崔植封还皇甫镈奏减内外官俸以助国用敕书，须查崔及皇甫两人之传，此事见旧、新《唐书·崔植传》。史家最难断事涉甲、乙两人之事在何方记载，有时三四地方均有记载。事关选举，《选举志》亦可能有，事件重大，本纪亦可能有。另外还要看《通鉴》，《通鉴》之难在于将散在各处之事重编于某年某月某日之下，故不能不细考，故《通鉴》十九年始成。穆宗时郑肃等封还授李训四门助教制书事，须查六次书，此事见《通鉴》二四五文宗太和八年八月条，注作“穆宗”误，时间相差二十多年。查史源还较易，将所考作成一篇文章则难矣。应想想如何作成一文。

本卷“人材”条。第三段，引明《宣宗实录》文，至何处止？你们作业多不对，有作至“人材自出”止，有作至“而求文采”止。其实应至“此知本之论也”止。“汉董仲舒言”云云是明宣宗引自《汉书·董传》，在此段已是第三圈。故不查原书绝对看不出引文所止，纵然看出亦不能确定。故讲事者不必书至何处止，凡所引文则须查至何处止。查文最难。

我教书不苦闷。看到你们好的卷子真喜欢。

我以读书为休息。

前几年我常说：“作文前三行没有错误者极少。”王鸣盛（西庄）《十七史商榷》即如此。王好骂人，但《十七史商榷》第一卷第一条即有四误，所谓“开口便错”。现在我老了，这话不说了。

卷八“铨选之害”条。第四段，“寇莱公为相”云云，今人不可如此写。“寇莱公”非人名，“章圣”为宋真宗，此段绝不在正史中。《宋史》中不能称其公。至“正由此尔”见《五朝名臣言行录》卷四。朱夫子（熹）之考证真是了不得。此书为榜样。求行状、墓碑，按年排下，裁剪得法，下书出处。不作传，只录材料，此种工作太伟大。

此段“司马温公”云云，见《三朝名臣言行录》卷七引行状，《宋史》三三六本传亦有，抄自《言行录》，应引祖本。

同卷“员缺”条。第一段，顾注引《世说》注，见《世说新语·赏誉篇》。赵憬“审官六议”见《旧唐书》一三八本传。崔湜“逆用三年员阙”语，旧、新《唐书·崔传》反无，此语见《旧唐书》一八五下《良吏·李尚隐传》。《唐书》有二韦温，同时有二人同名，不可忽。

同条第三段，引《大唐新语》，“载深咨嗟”，“载”为人名，原书为“吏部侍郎马载”，《日知录》遗前五字。“自今言之”之“今”为明代。

卷九“保举”条。第一段，“《宋史》元祐初”云云，及“光又言”云云，见《宋史》一六〇《选举志》六。顾氏已言引自《宋史》，故不必引《司马光文集》。文中有多条注语，是《宋史》原注还是顾氏所加，必须知道。

本条第三段，引《唐书》。此段兼引旧、新《唐书·崔祐甫传》。因为引文非引事，故须注意其所引者是《旧书》还是《新书》。我用〇与Δ分别之，可见亭林先生之细心。

此段顾注引《李绛传》，为《新书》之传，非《旧书》之传。引得不好，“德宗问多公亲旧”，“德宗问”下漏“崔祐甫”三字。

本卷“关防”条。第一段，引《隋书》七四《酷吏传》，至“童仆无敢出外”止，不应标至“皆封署其门”止。顾氏倒用之。

同条引“《世说》”云云，为《世说新语·任诞篇》之注所引《文士传》语，非《世说》语。但今日刘孝标之注《世说》，增加材料，可独立成书，与《世说》本文价值相等，与《三国志》裴注之情形同。

本条第三段，全段引《太祖实录》。今本《实录》作“壬戌”，顾氏作“壬申”。《实录》误，洪武二十年八月戊申朔，壬戌十五，壬申二十五。《实录》于“壬戌”前书庚午，“壬戌”后书癸酉，故知此“壬戌”当为“壬申”。

本卷“部刺史”条。第一段，唐戴叔伦《抚州刺史厅壁记》，应先找《唐文粹》，有厅壁记一类，《文苑英华》亦有刺史厅壁记一类，均无，再找《全唐文》(不注出处)，亦无。见《云麓漫钞》卷八。

自己作东西有自己之身份，有对方之身份。言而无用者何益？不但要不错，还须得体。如上次作业中，有写“有昆山顾炎武者”，太幼稚了。

胡适之云，你的文章太好了，只是无标点。其实我已注明人言与己言。胡适云，仍有不明白者，何不加引号？顾亭林则极力使己文与他人文相合，我已尽量使人能知己文与他人文之分，尚且如此，况《日知录》乎？

同一段，“金华应氏曰”云云，应氏名镛，字子和，有《礼记纂义》二十卷。此段文字，当收于卫湜所撰《礼记集说》中。《礼记集说》一百六十卷，所有卫湜以前之人解释

《礼记》之言，皆收集之附于每句之下。应镛之《礼记纂义》已找不到，只可找《礼记集说》。亭林引此语，如见自《礼记纂义》原说，则当直书“《纂义》云”，而不当写作“金华应氏曰”，故知系找自《集说》也。《礼记集说》一百六十卷，但无目录，须十分钟才能找到所引《纂义》之语。

布置作业：《〈日知录〉九“部刺史”条唐置采访使原委》，采访使之前身为何，置于何年？如何找出此段之出处？做为一篇文章。

本卷“六条之外不察”条。第一段，“《三国志》司马宣王报夏侯太初书”云云，宋人、清人皆避“玄”字，故称夏侯玄为夏侯太初。

本条第二段，“《太祖实录》”云云，见卷一九〇。应自己做《实录》卷数与年份对照表。我自己做《资治通鉴》卷数与年份对照表，做《册府元龟》目录，要用时一查便知。

本卷“隋以后刺史”条。第二段，初刻无此段。“宋真宗四年，杨亿疏言”云云，见杨亿《武夷新集》卷十六《次对奏状》，至“理当减于旧费”止。

本卷“知县”条。第一段，“《本朝事实》”云即《四库总目》著录之《宋朝事实》。“本朝事实”为其原名。

同条第三段，注引《山堂考索》，此书在北平不好找，在南京，一天找到两部。注又言“建隆三年侯陟”云云，《宋史》二七〇《侯陟传》作“二年”。

二十几年前，用小注，如《元西域人华化考》。《文讯》杂志批评陈援庵文，末云太旧，似言此方法。本来是老了。

找史源，须极力找不易找之书。

本卷“守令”条。第二段，全段全为吴莱（渊颖）《欧阳氏急就章解后序》文，无亭林一语。文中所谓“今”指元时，今人不许引如此之长也。此文见《渊颖集》卷十二。

本条第五段，“祖宗朝”云云两小段，分见明《宪宗实录》五六之七月庚午条、癸未条。

同卷“刺史守相得召见”条。玄宗开元十三年、李行言、李君奭三事，均出自《通鉴》，分见卷二一二、二四九（两事）。

同卷“京官必用守令”条。第一段，“唐张九龄言于玄宗曰”云云，见《通典》十七《选举》五，《新唐书》一二六本传亦有。

同段，引《风俗通》所记汉谚，此为《风俗通》之逸文。马总《意林》录《风俗通》逸文最多，此句见卷四。又见《太平御览》二二六“持书御史”条及四九六“谚”条，汉时本名“治书御史”，因避唐高宗李治之讳，唐时改作“持”。

同卷“宗室”条。第一段，引曹冏语，注引自《六代论》，见《文选》十三①，曹冏字元首，六代指夏、商、周、

① 曹冏《六代论》实载于《文选》卷五二。——编者

秦、汉、魏。黄侃据雍正年间抄本作《日知录校记》。亭林先生所谓“本朝”指明朝，潘耒皆改为“明”或“有明”。《六代论》原作“正本朝当日之事也”，“本朝”改为“有明”。凡改东西要彻底，在此前五行即有“惟本朝不立此格”，此“本朝”又未改，不彻底。《通鉴胡注表微》第一篇即《本朝篇》。其下又有“至天子独断行之”，“天子”原作“先帝”，为潘耒所改。其下注中“已而虏退”，潘改“虏”为“寇”。雍正曾下令“虏”字不得改，改者必以我为虏，而人多改之，可见人心以清为虏也。

本条第五段，引《墨庄漫录》后，亭林言“本朝之事，与宋一辙”，潘本亦改“本朝”为“有明”。第八段，“金虽夷狄之邦”改为“哀宗虽亡国之君”。第九段，“本朝之待亲王”，改“本朝”为“有明”。第十段，“本朝之病同此”，改“本朝”为“明代”，“病”为“弊”。不找原文，安可知之。

杂书皆应看看，作文时好找材料。

本卷“藩镇”条。第一段，起首一句“国朝之患”，潘本改“国朝”为“明代”。

本条第二段，全引尹源《唐说》。尹源文见《宋史》四四二《文苑传》，不全；全文见《宋文鉴》一〇七。

我作文不用“同前”、“同上”，因中间如隔有一页或一人，则非前人矣，极易误。多二三字亦不费事。记年亦同，如该年事多，则须往前翻许多页始见年号，于看书不便。著书则距离近者不必写，稍远则须重写。《新唐书》最讲究此事而最糟，传则书姓，附传亦不书姓，大不便当。为省字也，应省始可省，《新唐书》不可学。

卷十“豫借”条。第一段，“见于《文献通考》所载长兴四年起征条流”云云，见《通考》卷三《田赋考》三。但《通考》此处年代有误，非长兴四年，而为之前之天成四年，见《五代会要》二五《租税门》。《通考》致误之由，在增长兴二年一条，误载入天成四年条之前。

本条第二段，“谢君直曰”云云，谢君直，名枋得，号叠山，有《叠山集》五卷。谢尚撰有《诗传注疏》，今佚，惟元时刘瑾著《诗传通释》采其说颇多，明胡广等《诗集传大全》又多本刘氏，故疑《日知录》采用《大全》。应利用朱彝尊《经义考》，凡解释各经包括《诗经》之书皆有之，下并注今之存佚。《经义考》康熙时作，当时能见之书，今日或不能见；当时未能见之书，今日或能见。

卷九“藩镇”条。第六段，全为《路史》之《封建后论》文，但有删节，应细对之。

本条第七段，引《黄氏日钞》语，至“未有如我太祖者也”止。

本条第八段，引王禹偁上言，至“免剽掠之虞矣”止，见《宋史》二九三本传。王有《小畜集》，较《宋史》早。

如顾氏引自《宋史》，则查《宋史》，否则查其《小畜集》。

同卷“辅郡”条。第一段，记崇祯二年三月申用懋上疏。崇祯二年有《实录》，《实录》不载，则可能据邸抄（政府公报）。因顾炎武未见《明史》，崇祯二年亭林已十七岁，能见邸抄。

找出史源时可借机翻阅各书，否则用时茫无头绪。

同卷“宦官”条。第一段，宦官今已成历史陈迹，明代为祸，故亭林深痛恨之。

第二段，全引王元美《笔记》，即王世贞《凤洲笔记》，当时甚流行。

第三段，“国史”云云，此国史即《实录》，此言见明《太宗实录》五十。

本卷“禁自宫”条。第二段，此段全引《余冬序录》。此书易找，何孟春撰，六十五卷。此段见卷十“政治”条。

卷十“治地”条。有典故，有史源。“田间之涂九轨”、“遗山泽之分”为典故。“商鞅”云云，“宋政和以后”云云，俱应找出史源，前者见《史记》六八《商鞅传》，后者见《宋史》九七《河渠志》“越州水”条。

同卷“斗斛丈尺”条。原注“洪武初”一句，《明史》八一《食货志》有，但亭林不可能引《明史》，另有来源。注又引《大名府志》，府志五十年、百年一修，志书应注明修制之时，“大名”之上应加年号。亭林康熙廿一年死，康熙廿几年以后之书即不可能见。

同卷“地亩大小”条。第二段，引《广平府志》。嘉靖《广平府志》，当时即已难得。康熙十五年《广平府志》，顾有可能见。又注引解缙《大庖西封事》，不可能引《明史》，或在《实录》，或在《明文衡》，此文见《明文衡》卷六《奏议》。注有全引某书，有加批评者，此注“是则洪武之时即已如此”即顾之语。此段所引《东昌府志》，应是万历《东昌府志》，北平图书馆有四部。所引《大名府志》，正德《大名府志》，天一阁有一部；康熙十一年《大名府志》，亭林或能见之，北平图书馆有一部。

本条第三段，“《宋史》言”云云，知其引文之始，需查其所止。“《宦者传》”注于引文之后，知其所止。

同卷“后魏田制”条。黄汝成在题下有案语，可见黄氏曾注意史源。“宋林勋作《本政》之书，而陈同父以为”云云，语见《宋史》四二二《林勋传》。同父为陈亮字。

同卷“苏松二府田赋之重”条。昆山亦在苏松之内。第一段，全引丘濬《大学衍义补》，见卷二四。文中有两注，须分列为丘原注或顾注。“据《诸司职掌》”为丘注，“时未立太仓州”为顾注。

本条第二段，引杜宗桓上周忱书，段中有“愚按”、“愚历观”语，要知此“愚”为谁，需先确定引文至何处止。此段全为杜宗桓书，故知此两“愚”均杜自谓。

本条第四段，引《松江府志》言，为康熙《松江府志》。注引“唐太常鹤徵作《武进志》”，万历三十三年修，北平馆有。末注“宋绍兴二十三年”云云，“故输三斗”，“故”应作“亩”，见《宋史》一七四《食货志》“赋税”条。潘本即误。

本条第六段，“王弼《永丰谣》”，《高淳县志》不知有无，应找出。

本条第八段，原注“明朝宣德十年”云云，原为“本朝”，潘本改为“明朝”。

本卷“豫借”条。第一段，“后唐庄宗同光四年三月戊辰”云云，《旧五代史》三四《庄宗纪》作“戊午”，《通鉴》二七四作“戊辰”。《旧五代史》靠不住，亭林又未见乾隆时辑本，不注意年代、朔闰，一直错下去。《通鉴》年月比较最稳当，因刘羲叟为当时著名历学家，我之《朔闰表》，五代以前十之八九本刘作。《旧五代史》不懂此事，“同光四年三月”云云错得一塌糊涂。五代史之年皆应本《通鉴》。

同卷“纺织之利”条。第一段，王弘撰即王山史。亭林《广师》云：“好学不倦，笃于朋友，吾不如王山史。”此处顾氏引朋友之言，即等于史源。王著《山志》六卷，见《四库》杂家存目，不知此书存否？

你们的作业用“查”字，“查”字只可用之公牍，不能用于文章，可改作“考”或“据”。文章最要紧是清楚，我的文章力求简单清楚。有题目当天即作，文章须三四易稿。我作文章至少七八次易稿。广东做红木桌椅，做坯极易，打磨则甚费时日，文章亦须多置时日。发表后若发现错，则无法矣。无一字之费词，一字不可增，一字不可少。《通鉴胡注表微》尽量替我删改。有一先生说我在第一条漏一字，细看之，则有根据可去者也。

本条第二段，吴华覈上书见《三国志》六五《吴志》，至“无以易此”止。此下“方今”云云，“今”者，亭林时之今也。

同卷“马政”条。第一段，“析、因、夷、隩”，见《尚书·尧典》，东、南、西、北。一查《康熙字典》便知，皆有根据，但为工具书，不可引用，如泥水工匠，负责者乃建筑公司也。

本条第二段，引“汉晁错言”，“汉”指汉时人，不能只考《汉书》，《史记》亦应看。注引“师古曰”是在《汉书》二四上《食货志》中。注“本传”误。

同段，引唐玄宗开元九年诏，末注“《唐书·兵志》”。“唐书”为大题，“兵志”为小题。如引大题《唐书》卷数，则后之小题《兵志》之卷数可不引。此诏见《新唐书》五十《兵志》。我们如此注卷数，古文家已觉讨厌，实不得已。何书应引大题，何书应引小题，看书之本身。《文献通考》已有总卷数，又有某某考之卷数，有总卷数，可不引各考之卷数；《四库提要》亦有小题目，故引小题目便当，引总卷数则不知，如“《四库》杂家二”即可。其书若无小题目，则须查总目录。《后汉书》不引大卷，引列传卷数，因版本不同也。大题小题，不可两引，引何者，以便当为主。现行《旧五代史》为乾隆时重编，非薛居正原书，辑自各书，多数出自《永乐大典》。《大典》有二万卷以上，卷数为五位数，极易错。百衲本《旧五代史》有引原来《大典》卷数，错得一塌糊涂。殿本将《大典》卷数全部删去，盖有不可告人之隐，怕皇上查出，罚俸降官皆有之。百衲本第一卷第一条之《大典》卷数即错。当时之去卷数，恐即因第一条即错也。《唐书》须加“新”、“旧”。清代学者皆只书“唐书”，不易分。《汉书》可只写“汉书”，《后汉书》则需加“后”字。钱竹汀先生引《唐书》指《新唐书》，《旧唐书》则加“旧”字。亭林先生颇似之而不一定。今人“新”、“旧”二字不可省。

本卷“驿传”条。第三段，“国初”云云，“国初”是潘本漏改，指明初。

本卷“漕程”条。引《山堂考索》，至“馀水七十里”止，见《山堂考索》后集五五《财赋门》“漕运”类。漕程并见《唐会要》八七。不找出其引文所止，则“今之过淮过洪”之“今”不知指何时。此“今”，亭林之言也。黄汝成《集释》在此段后有案语，以亭林之言为章如愚（俊卿）《山堂考索》所述，以顾氏所指之明末之弊为宋代之弊，不亦谬乎！故有考史源之必要也。

出作业题：《〈日知录〉十“漕程”条黄氏〈集释〉正误》，以为“不检引文所止”之病例。

同卷“行盐”条。第一段，“松江李雯”云云，李为亭林当时人。“余于盐法”云云，为亭林先生语。

史料为漏斗形，太近收集不到，唐以前皆已发现，太往前亦不易得，中间一段易得。

本条第二段，所引为《太祖实录》卷五三。南京中央研究院请助理校对《明实录》，事变前即作，至今犹未完成，错误多。亭林未见《明史》，所云“国史”即《实录》。

本条第三段，所述刘晏榷盐法，见《通考》十五《征榷考》。

本条第四段，引《宋史》，至“或赦其罪招之”止。引文中注“又言”云云，至“尽食岭南盐”止。正文与注，均见《宋史》一八二《食货志》。“元末之张士诚”以下，为顾氏之批评。“余少居昆山、常熟之间”，为顾氏自谓。虔州即赣州府，民国之赣县。

本条第五段，自“宋嘉祐中”至“弗复更制”，略见《通考》十八，引自《宋史》一八四《食货志》“茶下”，嘉祐四年二月诏。此段以茶之材料用之于盐，故云“其说可通之于盐课者也”。

卷十一“权量”条。第一段，先搜集一条条材料，如今之卡片，然后审查，合在一起。先综合后分析。此段文章甚琐碎。引杜氏《通典》，见卷五《赋税典中》，小注“今谓即时”，乃《通典》原注，“今”指开元时。又引《隋书·律历志》，《隋书》之志又称《五代史志》。南北朝八史，《宋书》、《南齐书》、《魏书》有志，其余梁、陈、北齐、周、隋五代之志，均在《隋书》中，故称《五代史志》。等于五个小孩，同居于五弟之处，大哥、二哥、三哥、四哥皆至其五弟处，父母多爱少子也。

黄本书顾亭林之注为原注，致与顾亭林所引书之注难分别。

同条所引嵇康《养生论》，非引自《嵇中散集》，见《文选》五三。《文选注》与裴松之《三国志注》、刘孝标《世说新语注》，皆标准注，皆有甚高地位。

亭林引各书之后，有时加点点缀，如此则如有绳串之，否则成为类书矣。有如宋瓷之碎片，镶之硬木家具之上。

本条第二段，全为《山堂考索》文，见《山堂考索》续集二一《律门》“律量”之注。《山堂考索》不易找，《四库》著录，没法找时可用《四库》本。

本条第三段，所引欧阳修《集古录》，《四库》史部目录类二著录。吕大临《考古图》，《四库》子部谱录类著录。两“今”字皆《考古图》语。

本条第四段，“顷富平民掊地，得货布一罂”，为顾氏考古。以下之“今”，皆系亭林之今。

本条第五段，全段皆为《晋书·挚虞传》，见《晋书》五一。

本卷“大斗大两”条。第三段，引宋沈括《梦溪笔谈》三《辨证》。沈括为北宋博物家，国际皆甚推崇。毕昇活字版即《笔谈》所记，此书应看看。

本卷“汉禄言石”条。第一段，此段为“石”字索引。

本条第二段，全为叶梦得《岩下放言》。宋人笔记亦应看看。现在随人找书，因此可见零碎东西，应笔勤多记，以便利用。渐渐积蓄，临时则不可得矣。顾注引谢肇淛《五杂俎》，见卷十一《物部》，至“百爵为石”止，以下为亭林之言。

本卷“以钱代铢”条。第一段，“近代算家不便”，此近代指明代。“簿领用之可耳”，即案牍、公牍之“查”字之意。钱制变化甚烈，如大洋四角，过二十年后便无人知矣。今人如作笔记，便可为后人根据矣。

开元通宝铸于武德四年。普通钱随年号，此则年号随钱。

同条第三段，引《宋史·律历志》，至“中外以为便”止。其中之注皆《宋史》之注。同样的句子多，且多数目字，则多提行，或列表。

同卷“十分为钱”条。此条可为“分”字索引。

第一段，“《隋书·律历志》引《易纬通卦验》”，凡纬大概皆三字。

本条第二段，引陶隐居《名医别录》，《四库》无其名，见《医籍考》。日本人多纪元胤著《医籍考》八十卷，仿朱彝尊《经义考》体例，条举中国历代医籍撰人、卷数，著其存佚，录其序跋及诸家详论，加以考订，精审无比。我四十年前即知此书。我去日本两次，第一次即专门为找此书。当时我还梳辫子，今人看之甚难堪，然无法也。其书八十卷，无法抄，故归。民国十七年，叶恭绰氏为国学研究馆馆长，又命人抄写印之。章实斋（学诚）预作《史籍考》，仿朱氏，有稿，然未见。其书若有，一定作不好，今佚，故人多夸之。

此段又引李杲语，李字东垣①，《元史》二〇三《方技传》有传，著《兰室秘藏》三卷。亭林引用至医书，可见其博。

本卷“黄金”条。本条为“金”字索引。参考类书，再按类书所指示之书再找之，则可作为自己所引矣。如《渊鉴类函》有之，有书名无卷数，可随其书名找之。

本条第一段，引《梁书·武陵王纪传》，此语不见于《梁书》五五《纪传》，见于《南史》五三纪第二子《圆正传》中。《南史》提行故明白。如云在《梁书·纪传》则误矣。

本条第二段，“宋太宗问学士杜镐曰”云云，在《宋史》二九六《杜传》，“两汉赐予”，传作“西汉”。“《会典》所载国初金价”，“国初”指明朝，潘本漏改。

---

① 按，李杲字明之，号东垣。——编者

现在我很反对文中加小注。有时非用不可，如诗赋辞章为材料所限制非用不可，始用之。

本条第五段，“臣瓒曰”云云，见《史记》三十，本为小注，亭林升为大字。《后汉书》之志即常以小注升为大字，称“原注曰”。因地理志、百官志皆须用之，否则须另行低一格，占许多纸矣。

本条第六段。《三国志》裴注，小字双行，明万历本小字皆改为大字，即另行低一格。以后金陵书局同治年间用万历本法作木刻活字版，注为大字。此为小字升大字之规律。第五段之“《惠帝纪》注，师古曰”云云，皆是小字升格为大字之例。第六段末之“呜呼，俭德之风远矣”，为考证家之按语。

本卷“银”条。第一段，查史源，看其如何组织成一篇文章。

本条第三段，“国初”云云，指明，为潘本所漏改。

本条第四段，“《太祖实录》”云云，引《明实录》，用庙号即不用年号，用年号不必用庙号，并用则多余矣。可查《日知录》所用何种方式为多。明、清两代一帝一年号，故两者均可用。每朝皆有太祖，洪武年号则只有一个也。唐时一帝不止一年号，故只得称庙号。

本条第五段，全段皆为《英宗实录》二一之文，末顾自注“已上《实录》全文”，自己亦以为引用太多矣。

本条第六段，开首即云“二年二月甲戌”，因前一段已有正统年号，故成书时去其“正统”二字，单引时则须加上“正统”二字。我以为仍是有“正统”为好。世俗则将以为笑话，故作书时圈去。

本条第八段，引“《唐书》言”云云，见《新唐书》二〇六《杨国忠传》。《新唐书》此种“洗刷”功夫最大，然亦最麻烦，又最多“明年”、“又明年”，引时删去不需要者，则错一年矣。

作文第一稿尤应写明年日，定稿后方知与初稿如何不同。如作棉袍，成时须去其线也。

本条第九段，“宣德中”云云，见《英宗实录》四五。亭林先生时代关系，今人看仍不甚精密。“此今日”云云，指明末。

本条第十段，“正统十一年”云云，因隔第七、八、九段，故加“正统”。但第九段末既有“正统三年”，则此段可不加“正统”也。

本卷“以钱为赋”条。本条第一段，引《周官·太宰》“注”云云，“又曰”云云，即小注改大字。方回《续古今考》甚乱，不知作书规矩。继前人之作则可谓之“续”，在其当时能作而未作则谓之“补”。自己有材料不能加入原书，与原书相紊。《续古今考》即不可分孰为古人之言，孰为方回之言。方回为宋之小汉奸，《通鉴》胡注言之。有点学问，能作诗文。周密与之最不和。

本条第二段，引《孟子》之言，当时人皆读之书，故大注疏家多不注之，摆架子也。引时不写篇名，如小孩子鞋上之有带然。

本条第三段，全段皆为《白氏长庆集》，见卷四六《息游怠策》，引得太长。

本条第四段，"《赠友诗》曰"云云，全段皆为白诗，见《白氏长庆集》卷二《赠友诗》五首之三。最低限度应在"赠友诗"上加"又"字，否则应注明集名、卷数。

本条第五段，全为《李翱集》之《疏改税法》语，见《李文公集》九。《李集》当时难得也。

本条第六段，除最后一句"是宋时之弊，亦与唐同"云云外，以上全为引书。亭林先生笔甚勤，见有好文句则录下，以备后日之用。

本条第七段，引解缙《太平十策》中之一小段，见《解文毅公集》一、《皇明经世文编》十之《太平十策》之九"务农"。你们应在小册中记明"十策"为何。

本卷"五铢钱"条。五铢钱我们小时甚多见，现在已少见，很奇怪。

本卷"开元钱"条。第一段，先有年号，后有钱文，唐之开元通宝，武德四年铸，与此相反。此为常识，应知之。但亦有读作"开通元宝"者。有说曰，钱中有半月痕，是文德后指甲印，此世俗之传说也。所引“马永卿曰”云云，马著有《元城语录》三卷，《嬾真子》五卷。

本卷“钱法之变”条。第一段，现在我真不耐烦看小注，字小，眼不佳也（该段小字注文甚多）。“予幼时”云云之“予”，为亭林自谓。

本条第二段，“考之于史”以下，皆零碎材料，按事情发生之年代先后排列。其初找到材料，不能按所见之先后为序。作文章时所言先见某、后见某，实则不然，见时在后者或置文章之前，皆作文章之技术。此段之末，亭林叹“古制不可得而复矣”，类似之语不下百次。亭林以复古为标榜不对，不满现状则须求进步。

本条第四段，“近日河南陕西”云云，“近日”为明末。亭林先生能背诵，其次为记心喜之句，所引《盐铁论》即是。

本卷“铜”条。第一段，董安于是人名，见《左传》定公十三年。类书中《通典》、《通考》为政书，《日知录》亦类书，此条即“铜”之索引。类书不一定抄自原书，《日知录》则抄自原书。

《清初僧诤记》三卷，三十三年刻，今始得。当时雕版一百字六毛钱。值得一看。既讲和尚斗争，皆有有名学者参加。名为讲和尚，实与政治有关。正学校最困难，我不能出来之时。所作书中，心目中别有所指。学校本说与我印，我说不好，还是自己印吧。《辅仁学志》曾引之。应更驾乎《日知录》之上。

注出处有二法：一为在前，“某书曰”；一为注后，注后者可以知止处。我作《表微》常用此法，但用大字，等于引号，更加卷数。

本条第二段，“考禁铜之令，古人有行之者”云云，等于考之于史。

有人说黄梨洲家有一部《旧五代史》，靠不住。吴任臣《十国春秋》说引《旧五代史》，亦靠不住。

本条第三段，上一段出处皆注在后，此段出处皆在前，非一时所作也。《日知录》为日记体裁故可，我们作一篇文章则不可。此段为材料汇编，无自己之语，所引材料尚易见。黄《集释》注“王太岳曰”凡四页，岂有如此注法？只注出处可矣。

本条第四段，全段均为《通鉴》文，作“周世宗显德元年九月丙寅朔”，据《二十史朔闰表》，元年九月壬申朔，二年九月丙寅朔，此为顾氏之误，见《通鉴》卷二九二。《二十史朔闰表》当时一元一本，太便宜了。此段引文太长，中间又加“洪武二十年四月”一段长注，注可置其末。

本条第五段，全引《五代史》。此《五代史》必是《新五代史》，顾未见《旧史》也。

本卷“钱面”条。本条第一段，引“储泳曰”，储泳，宋人，有《祛疑说》一卷，《四库》杂家五著录，亦有《百川学海》本，查此说在其中否。

本条第二段，引《仪礼疏》，见《少牢馈食礼》。

本卷"短陌"条。引《隋书·食货志》曰："梁大同后，自破，岭以东，钱以八十为百，名曰东钱"云云，黄汝成"破岭"注有用，所引王氏指王鸣盛，见《十七史商榷》九六。"自破"应属上为句。

同条，"汉隐帝时，王章为三司使，聚敛刻急。旧制钱出入，皆以八十为陌，章始令入者八十，出者七十七，谓之省陌"，见《通考·钱币二》，即今之底子钱。此句下黄汝成《集释》引王鸣盛《商榷》语："《薛史·食货志》：'唐同光二年，度支请榜示……凡有买卖，并须使八十陌钱。'《日知录》考短陌事甚详，独无后唐庄宗事，宁人未见《薛史》也。"此为辑本《薛史》之误。度支所请非在庄宗同光二年，而为明宗天成二年，见《册府元龟》五〇一《钱币门》。王鸣盛说亭林先生未见《薛史》对，但岂能未见《册府》？亭林最喜用《册府》，清代唯顾氏一人用《册府》。辑本《旧五代史》当时甚重，乾隆有诗赞《旧史》，其实大半《册府》皆有，与其引辑本《旧五代史》误文，不如引《册府》。黄汝成以此为傲。天下事，与其献丑，不如藏拙。

本卷"钞"条。第二段，"考之《实录》，二十七年……三十年……三十五年……"，所谓洪武三十五年，即建文四年也，洪武无三十五年。"是国初"云云，为潘本漏改。或改或不改，乱七八糟。令二书手选出所有“国初”、“明初”，一对校即可矣。

现在用钞好，如用硬币，买面如何扛钱去。

本条第三段，讲学问须有“例”。“有给事中丁环”云云，事见明《太宗实录》，“丁环”作“丁琰”。嘉庆讳琰。潘本亦作“环”，岂能预避嘉庆讳？考史源，一应密，二应首尾相联作成文章。

本条第四段，“《元史》世祖至元十七年”，元有二至元年号，故非写“世祖”不可。唐之上元亦然。同一朝代有二相同年号，皆相差数十年。在地质学眼中，渺乎其小，史学家则不然。看其写法，可知是否行家也。

同段，陈瑛，《明史》一四六有传，嗣遂安伯。引《元史》年月在前，引《实录》年月注后，太随便。应皆在前。

我曾有民国元年至十年报纸，一天不缺，后因搬家卖之，至今思之深惜之。

卷十二“财用”条。第一段，“《食货志》言”云云，“食货志”上应加“汉书”，“汉书”二字不能省，见《汉书》二四下。自己明白，以为人皆明白，不可也。“臧缗百万”，“臧”同“藏”。“南齐豫章王嶷”云云，见《南齐书》二二。嶷为萧子显之父，子显作《南齐书》，并不言为其子。此下“优评者，增价而取之”，为亭林先生注中之注。学《孟子》引《尚书》“洚水警余”，即解释之曰：“洚水者，洪水也。”

"元和八年四月敕……十二年正月又敕……"，你们注"《旧唐书》十五《宪宗纪》下"不对，词句不对。此二条相连，实引自《旧唐书》四八《食货志》。此两条《册府》亦有，但决非引自《册府》五〇一《钱币》三，因"十二年正月"，《册府》作"四月"。

王念孙《广雅疏证》手稿在我那里。二十年前数百元买得。沈兼士先生一借借数年。其稿好处，前数卷改得甚多。有一卷最清楚。他第一次用的材料往往是对的，但是后来又发现了更有力的材料，他并不是把第一次的材料划掉，而是将后来的材料写在纸条粘上去，有些地方粘得数层。今日依次撕开，可以知最初用何，以后用何，最后又用何。刚才说的元和八年、十二年两敕，先见《旧唐书·宪宗纪》，又改《册府》，又改《旧唐书·食货志》乃得之。《广雅疏证》普通本甚多，得此手稿乃知其辛苦艰难。

《册府》唐时材料可用，六朝材料稍差，汉之材料尤不可引。今有两《汉书》，何用转引之书，只能用作校勘，不能用作史源。《册府》北宋时之作，在《新唐书》之前，《旧唐书》之后，为第一等材料。清人不用，唱高调，上当也。

本段"单穆公有言"云云，为《汉书》二四《食货志》下引《国语》下，非亭林先生所引。

本条第三段，"唐自行两税法以后"云云，注引自《旧唐书·裴垍传》，加卷数即可，并对文字。

本书第四段，引归融奏言，但注新、旧《唐书·归传》

卷数即可，不必言附在何传。

本卷“言利之臣”条。第二段，引《新唐书·宇文韦杨王列传》赞，至“可不信哉”止。最后一句“《孟子》所谓”云云，原文在“天宝以来”之上，亭林改动之，以将就自己之文气。

本卷“俸禄”条。第一段，白居易《江州司马厅记》，“唐兴”，原文为“唐典”，即《唐六典》也。可作小校勘。崔植封还皇甫镈请减内外官俸禄诏书，“可谓达化理之原者”，注重崔植，史源一定在崔植处找。旧新《唐书》、《册府》、《通鉴》皆有，皆找出，可满用可单用，单用须小心。各部书中用何书，则看技术，非功力也。

本条第二段，“穆王之书”即《逸周书》，又名《汲冢周书》。

本条第三段，“《元史》世祖至元元年”云云，非写“世祖”不可，元有二至元年号，一长一短，元年则两至元皆有之。

本条第七段，正统六年巡按山东监察御史曹泰奏，见《英宗实录》七六，梁鸿志本“山东”作“山西”，应查。

本条第八段，引《北梦琐言》，在笔记中甚为重要。称“毕相诫”，不能说误。异同与误不同。

本卷“助饷”条。第一段，引王明清语，非见《挥麈后录》，乃见《挥麈余话》一，“建炎二年”应作“己酉三年”。

本条第二段，引《南唐书》言，应注明为陆氏（游）抑为马氏（令）之书，若二书皆有，应注明各自卷数。此段引自马令书卷五、陆游书卷三，乾德二年三月条。不能写合刻本卷数，因为后人所刻。应细对，究引自何书。

本卷“街道”条。第一段，段末“其斯之谓与”，“斯”原作“今日”，恐伤时也，遂改之。故潘本“斯”字上空一格。

本条第三段，“后唐明宗长兴元年”云云，见《册府》十四《都邑》，《五代会要》“街巷”条不载。

本卷“官树”条。第一段，朱一新（蓉生）在广东广雅书院，当时各地作八股文，惟广雅讲朴学、经史。朱氏讲书后之记录作成《无邪堂答问》，风行一时。与康有为辩论而名起。朱氏云，不以骈文名而骈文铿然可诵者，顾亭林也。观顾氏此段，“是以南土之棠，召伯所茇；道周之杜，君子来游”，俱见《诗经》，而融为已文。“子路治蒲”见《韩诗外传》六，“子产相郑”见《吕氏春秋·下贤篇》。直至“官无勿翦之思，民鲜侯甸之茈”皆是骈文，是可贵也。胡适之等不主张用典，是一时风气，无是非之辨也。只说药好不成，须先问对何病好。在《胡注表微》中曾言之矣。故一事之是非不可定，须加时代。中央集权与地方分权须视时代而定合适与否，制度之好坏不能一概言也。亭林先生不满意现代，以古代为好，然亦有甚新之思想。东北弄得如此糟，亦是中央集权之过，兵由南方去，穿草鞋至冰天雪地，不用本地方人。经济、教育皆集权。民国三十七年无一博士，教育有几人，岂能审核天下之士？有德国人来华在辅仁大学学东方语文，尚须至美国得博士，因中国只有硕士生。电灯公司无电，使我夜中无法读书，早起亦无电。若不集权，民人与之竞争，此种情形则不可能出现也。军事亦大集权。

北周时曾一度复古，有极浅显之事实，而以极迂回之文字叙述之。如北周俸禄，经数位数学先生研究始明。本卷"官树"条，《后周书·韦孝宽传》有数语不明，"百里种五树"不可解。引《册府元龟》，引门不引部。此句出自《册府》十四《都邑门》。引事时，经在史前，此段末引《周礼》，因用以解释前文《旧唐书·吴凑传》之"槐"，故可在史之后。又注"《淮南子》注同"，见《淮南子》五《时则训》。此段最末之"然则今日之官"云云，为作文收尾之法。

本卷"桥梁"条。引《唐六典》有四条注，前三条为原书注，第四注为顾注。为文章好，故加注其事。直引《宪宗实录》成化八年九月丙申条，则不必作小注。今日文用五号字印，注则须七号字，非老人眼所能见矣。"能望如赵充国"云云，为用《汉书》六九《赵充国传》语熔铸成文。

本卷"人聚"条。第一段，所述情形，目下可知，乡间人皆至北平。以前俗语："大乱居乡，小乱居城。"一个是革命，一个是小乱，今日之事不可知。"太史公言"云云，末注

“《史记·律书》”，此是亭林之法；“《史记·律书》”云云，是我们做法。近代风气，用诗证明，看出当时典章制度、风俗生活。不过有时可靠，有时不可靠，如“白发三千丈”之类，又如梁启超诗“扁舟横渡太平洋”。元稹诗“村竖老犹纯”，即苏东坡教司马温公仆人也。《文选》已成偶像，颇与“四书五经”等，亦因李善注太好。康南海《文选》赋皆能背诵，三十以后即不读书，用三十以前所记诵，故文章极易作。《胡注表微》对于《读史管见》及王船山《读通鉴论》皆注意，因每论皆有背景，不皆空言也。“予少时”云云，亭林自称。生于万历年间，较崇祯时为好。亭林引县志不加年，现在引应加时代。如此段所引之《曹县志》，似为康熙二年《曹县志》，北平馆有两部。民谚多在县志卷末之“风俗”中。用一两句古话作自己之文章，须在平日读书时作笔记。乡间居不住，则往城中迁移。

本卷“访恶”条。第一段，“尹翁归”云云，至“改行自新”，见《汉书》七六《尹传》，所述即今之督察团也。督察亦贪污，故解散之。如无坏人则天下无意思了。不打仗则无国防部矣。官不贪污不易也，惟有木头官始可不贪污，故贪污是常事。

本条第三段，引《说苑》卷七《政理》。《说苑》言忠于主，今人应忠于事。

本条第四段，引《盐铁论》，见卷三《轻重》。“狙”原作“獭”，“水有猵狙”，“狙”为陆兽，应作“獭”。

本卷“盗贼课”条。第一段，引《史记·酷吏传》，今人应如此引，“《史记·酷吏·杨仆传》”，“卷一二二”或可省。

本条第二段，引《后汉书·光武纪》，“建武十六年”云云，原文“十六年”下有“三月”。是否可省“三月”二字？如所引甚长，应有“三月”，如寥寥数行，可不必引用。光武此段，放任官吏们自己去做。

本卷“禁兵器”条。第一段，王莽禁民有兵器，应引《汉书》九九中，不应引《通鉴》。此条亦言中央集权，恐人民造反；然外来侵入则人民无力抵抗。今日亦有此病。异族控制中国，自不愿人民有兵器。《胡注表微·解释篇》曾讲禁兵器，甚有趣。封建强干弱枝，多封子弟恐反；不封建，聚兵于京师，外国入，不能战矣。天下事不两立。“予视天下”云云，见《尚书·夏书·五子之歌》。

本条第二段，吾丘寿王之语诚是。今日之乱非人民有兵器，而为官吏不好，应使兵器藏于民间。“诚能”以下为亭林语。“《旧唐书·郑惟忠传》引《吴都赋》”，小注，应注于“户有犀渠”之下，而非“夸国俗之强”之下。左思《吴都赋》，直书《文选》五可矣，何必转引《旧唐书》。

本卷“水利”条。此条甚好。第一段，《新唐书》无河渠志，言水利皆在《地理志》中，此为史学常识。“徐光启作书特详于水利之学”，此语指《泰西水法》。徐光启尚有《农政全书》，其中卷十二至二十共九卷皆讲水利。亭林虽主张复古，如有比古好之新法，亦采用，观其对徐光启评论之言可知。“自乾时著于齐人”，此“乾时”为齐人之地名，见《左传》庄九年。

本条第二段，“是以知天下无难举之功，存乎其人而已。谓后人之事必不能过前人者，不亦诬乎”，由此可知顾氏之思想，极重要。后两句可打双圈。

本条第三段，引开元八年十月诏，加同州刺史姜师度金紫光禄大夫，小注言出自《册府元龟》。《册府》有三门引此诏：四九七《河渠门》作“九月”，六七八《兴利门》作“十月”，六七三《褒宠门》无月。此盖采自六七八《兴利门》者，因起句同，亦作“十月”。引一典故，能从外见者，如考证北京，引自《顺天府志》者无足贵，引《畿辅丛书》亦然，《帝京景物略》较难得，亦不可贵。如能从看似不相干之文集中找出材料来才可贵。例如三十年前我在欧阳玄《圭斋集》中发现一文讲北平城之建筑者，此种材料乃可贵。又讲回回教，在我国以前无人用之。并非我自夸，实在须明此意。此段如引自《册府·河渠门》中，找出有何可贵，《兴利门》中找出亦不足贵，惟此则真为顾氏所引用者也。一文可能引自多处者，须找出其真正所引者。找材料如采矿，若在矿山中找煤自是易事，须在无人知处寻得。

“西门豹”一句，原注引自《史记》，但《史记正义》引《汉书》二九《沟洫志》文与此小异，此是直接引《沟洫志》

而亭林误注也。《沟洫志》中有疑惑时可用《史记正义》证之，因《正义》所见之《沟洫志》为唐人所见之本也。

本条第四段，引“《汉书》召信臣”云云，见卷八九《循吏传》，此“循吏传”三字不可省。

本卷“河渠”条。第一段，“汉元光中，河决瓠子东”，《史记·河渠书》与《汉书·沟洫志》皆可用。《沟洫志》汉代以前采自《史记》，应细校亭林所引之文与谁为近。引“《五代史》晋开运元年五月丙辰”云云，自是《新五代史》，见卷九。开运元年五月壬申朔，无丙辰，六月辛丑朔，丙辰十六日也，“五月”本为“六月”，是《日知录》误引。同一条材料，在同一文内不可引用二次。此条材料，在本条第四段中又用一次，且同误“六月”为“五月”。引“《宋史》熙宁八年七月”云云，见《宋史》九二《河渠志》，“八年”应作“十年”，亦顾氏误引。老辈书皆不提行，即提行亦甚少，求其年月往上找，极易误。故作文章须多提行。文章虽多提行，然文意必须相连。

本条第二段，引丘仲深《大学衍义补》，仲深名濬，谥文庄，又引邵国贤《治河论》，国贤名宝，亦谥文庄，故亭林言“繇二文庄之言观之”。邵之《治河论》见陈其愫编《皇明经济文辑》卷十七《河渠》。

本条第四段，“予行山东”云云，为亭林自谓。“近有一寿张令修志”云云，此寿张县令为谁，可找《寿张县志》，知康熙元年知县陈璜曾纂修《寿张县志》，亭林即指此人。与陈璜必言不合，故不书其名。作亭林年谱可加入此条。此条注又引《五代史》晋开运元年五月丙辰条，第一段已引过，亭林大约是忘记了。“五月”仍是“六月”之误。校书不可改其误，应注明。

本条第七段，“宋开宝之诏”云云，见《宋史》九一《河渠志》。崔瑗《河隄谒者箴》，瑗字子玉，后汉人，见《古文苑》十八，《文选》无，《古文苑》载《文选》所不选之文。

本条第九段，“闻之先达言”云云，黄注达五篇之多，天下之注有如是之易乎！陈黄中之文抄自《经世文编》，以及裘曰修之《治河策》、《治淮论》等。

卷十三“周末风俗”条。《日知录》十三卷作得最好。此条颇似第十三卷之序。李康《运命论》载于《文选》五三及《艺文类聚》二一。李康，魏明帝时人。

本卷“秦纪会稽山刻石”条，引本纪要注出年，等于引《左传》必须注年。泰山刻石，始皇二十六年事；碣石门刻石，三十二年事；会稽刻石，三十七年，此为三句一韵。原为四句或二句，万不可引成单；单句不可引成双，此即是例。五言诗亦是，至少删二句。

本卷“两汉风俗”条。第一段，注引《后汉书》之《儒林传》论。《后汉书·儒林传》论有三种：一在传首，可谓之序；在传后者，可谓之论；亦有在中间者，亦谓之论。看书应先看大概，明其体裁。本段引《后汉书》九一《左雄传》论，“仁人君子心力之为”。“君子心力”即今之精神，“仁”字是表示二人，不可自己作自了汉，帮助他人始能助己。亭林曰：“使后代之主，循而弗革，即流风至今，亦何不可?”此语太迂腐，风俗岂有千年不变者乎？如咸淡二水合而成新风俗，闭关自守者不可能也。

本条第三段，注引宋袁淑《吊古文》，见《艺文类聚》四十。

本卷“正始”条。此条为“正始”索引。第一段，正始之风，文雅风流。注引干宝《晋纪总论》，载《文选》四九，亦见《艺文类聚》十一、《群书治要》二九。

本卷“宋世风俗”条。第一段，引《宋史》言，为《宋史》四四六《忠义传》序。

本条第二段，所列邓绾、李定、舒亶、蹇序辰、王子韶诸人，在《宋史》卷几应注明，诸人均见《宋史》三二九。“士大夫有十钻之目”，“十钻”见《宋史》三二九《王子韶传》刘安世语。“李应中谓”云云，李名侗，字愿中，《日知录》误作“应中”，为程子门人，此语见《宋史》四二八《道学传》中之《李侗传》。

本条第三段，“《苏轼传》”云云，引得太长。

本条第四段，引《东轩笔录》，为魏泰作。注引《石林燕语》，为南宋初笔记之佳者，叶梦得作。“吕惠卿骤得政柄，有射羿之意”，即反抗老师之意。“荐祢之墨未干，射羿之弓旋发”，乃欧阳修谓蒋之奇之语。诸位经学根本太薄，六经皆史，非始自《史记》也。引《大戴礼》语，见《大戴礼》十《文王官人》。

本条第六段，引苏子瞻《易传》，《东坡易传》见《四库》易类二。

本条第七段，引陆游《岁暮感怀诗》，陆游《剑南诗稿》有八十五卷之多，自二十岁至八十多岁。放翁诗最多，岁暮应注明为何年之岁暮。此诗见《剑南诗稿》三十一卷，十首之九，为绍熙五年甲寅，放翁七十岁矣，应写明陆游《甲寅岁暮感怀诗》。我曾有联句：“百年史学推瓯北，万首诗篇爱剑南。”史学推瓯北（赵翼），现在思想改变，已成过去。陆游诗中“中更金源祸”，“金源”原诗为“夷狄”，为黄本所改，潘本作□□。

以前印书，二十次一刷洗。

本卷“清议”条。第二段，阮简致清议，见《世说新语》之《任诞篇》。三数卷之书，篇数多，宜引篇名；卷数多而篇数少者，引卷数。阮简为阮咸兄子。此事见《世说新语》刘注所引《竹林七贤论》。温峤事见《世说新语》之《尤悔篇》。《晋书斠注》卷六七误引作《假谲篇》。谢惠连，方明子，《宋书》五三、《南史》一九均有传。“不豫荣伍”，“荣伍”《南史》作“荣位”，作《南史》时所见之《宋书》作“荣位”，现在之《宋书》作“荣伍”矣。张率，《梁书》三三、《南史》三一皆有。顾玩之，《南史》作“珖之”。

本卷“名教”条。第一段，引仲长敖《核性赋》，见《艺文类聚》二一。又引《南史》，《南史》有八十卷，只云“《南史》有云”不可，此处应作“《南史》七四《孝义传》论”。

本条第二段，引薛谦光疏，见《旧唐书》一〇一《薛登传》，谦光为本名，因同太子名，赐名登。此文极好，宋祁《新唐书》，自己不喜欢骈文，凡骈文皆改之。唯薛谦光疏中“李陵降而陇西惭，干木隐而西河美”两句，《新唐书》一一二《薛传》一字不改。两句分见《史记》一〇九《李将军传》、六七《仲尼弟子·子夏传》。

亭林引书时如何删书，可以薛谦光疏为例。引书删节有多法，如加删节符号，最不好看，文气又不接，为懒法；又如不加“中略”，亦懒法；又如加“又曰”、“又曰”，此为司马温公法。亭林与我皆不用此三法，删之而又不使人看出，为技术。文章有定例，许删不许改。薛谦光此疏，“贪暴之风扇”，此下删三行；“为府寺所辟”，此下删十二行；“觅者自求之称”，亭林加“也”字，此下删一行，又加“夫”字，与下文“徇己之心切”相接；“亦不肯待于三命”，以下删二行。删节之后，引文仍一气呵成，此为技术。

诗赋骈文须注，散文改作骈文不能不加注，散文而加注，非懒即无能。

本条第五段，注引公孙弘，见《汉书》五八，不注公孙弘即不知其事。“始录负薪之允”，注引公孙敖，见《史记》一二六《滑稽列传》。“允”原作“胤”，改为“允”，避雍正讳也。

本条第七段，引《魏志》诏赐故徐邈、胡质、田豫家谷二千斛、帛三十束，但《三国志·魏志》二七《徐邈传》作赐“钱三十万”，二六《田豫传》、二七《胡质传》均云“赐其家钱谷”，足证“赐帛”为“赐钱”之误。

本条第八段，引《唐书》牛僧孺事，载《新唐书》一七四本传，《旧唐书》一七二本传不载。亭林引《唐书》，有时加“新”字，有时不加。两《唐书》本无新、旧，皆后人所加，甚乱。今人引时应加“新”或“旧”。《后汉书》本身即名“后”，《前汉书》之“前”为后人所加。

本卷“廉耻”条。第一段，文章作得太好了。“松柏后彫于岁寒，鸡鸣不已于风雨”，应打双圈。

本条第二段，全段均引“罗仲素曰”，仲素名从彦，《宋史》四二八《道学传》有传，程门弟子。此段见罗《豫章文集》卷十《杂著》一《议论要语》及《蕉窗日记》一。引书，如引书名可不引人名，引人名则须言见于何书，如“某某曰”云云，引文完后，言见于某书。一为告人出处，一为标明引文止处，等于引号。

本条第四段，引《后汉书》，见卷九五列传五五。中有“威化大行”之句，考场中不论文章如何好，亦不得用“大行”，“大行”指已死未葬之皇帝也。

本条第五段，引杜子美诗。杜诗少于陆游诗，又为老辈所常念，能全念者极多，故可随便引。引时不引卷数，因各本编法不同，只注题目。此处应云引杜子美《遣兴诗》。又云“吾观《唐书》言”，见《旧唐书》一三三。引《旧唐书》而不加“旧”字，自乱其例。王佖为“武灵节度使”，《旧唐书》原作“朔方灵盐节度使”，《册府》四五五《贪黩门》作“灵武节度使”，亦误。又“至今为患”，《旧唐书》原作“边上至今为恨”。

本卷“流品”条。第一段，引《宋书·蔡兴宗传》，至“有此三事”止。《宋书》五七、《南史》二九均载，《南史》无末二句，此引《宋书》。但其中“任参国政”一句，《宋书》作“内”，《南史》作“国”，此则采《宋书》而参《南史》也。又引《张敷传》，《宋书》六二、《南史》三二均有传。《宋书》称庙号，《南史》称帝。此处称“文帝”，似采《南史》，然“后艑”为《宋书》语，《南史》作“后车”，可知实兼采《宋书》、《南史》。“酬接甚欢”，《南史》删此句。又引“《世说》”云云，注《世说》误，此小段实引自《南史》三六《江敩传》，但其中“世祖”原作“武帝”。此段末亭林语“中原左衽”，潘本改“左衽”为“涂炭”。

本卷“重厚”条。第一段，《诗·大雅》、《尚书·文侯之命》，人知之而注，前四句王伾、郑綮、薛昭纬、李邦彦反不注，何也？此四事中，王事见《旧唐书》一三五《王叔文传》，《新唐书》一六八“吴语”作“楚语”；郑事见《旧唐书》一七九、《新唐书》一八三；薛事见《北梦琐言》四、《花间集》四；李事见《宋史》三五二，人称“浪子宰相”，犹褚民谊之打拳唱戏也。“栋折榱崩”，见《左传》襄三十一年。

本条第二段，引侯景数梁武帝“十失”语，《梁书》五六《十失疏》中无此语，此语见《通鉴》一六二太清三年二月条，但不在“十失”之中。又引张说论阎朝隐之文，旧、新《唐书》张、阎之传均不载，见《大唐新语》八《文章篇》。“北齐阳俊之所作六言歌辞”，见《北史》四七《阳休之传》。

本条第三段，言何晏、邓飏、谢灵运、魏文帝。何见《世说·容止篇》注引《魏略》及《三国志·魏书》九注引《魏略》。邓见《魏书》二九《管辂传》注第十五段，并见《宋书》及《晋书》之《五行志》。谢《宋书》、《南史》均不载。邓、谢、魏文帝事皆见《宋书》三十《五行志》。凡《宋书》有者，不引《晋书》。论朝代，晋在宋前；论成书，则《宋书》在《晋书》前，《晋书》为唐初所修也。三国、两晋之事亦可在《宋书》之志中找出。“两君之疾与乱”，“两君”指邾隐公、鲁定公，见《左传》定公十五年。

本条第四段，“乃逸乃谚”见《尚书·无逸》，“有物有恒”

见《易·家人》，“以正养蒙”见《易·蒙》。

本卷“耿介”条。十三卷作的多，引的少，多骈文，最精彩。第二段，“耿介”、“昌披”皆出自《离骚》。

本卷“乡原”条。“原”同“愿”。第一段，假君子令天下人人满意者，必须有人反对始非是。《卜居》、《渔父》皆《离骚》篇名。“生斯世也”云云，见《孟子·尽心下》。

本条第二段，“法语”、“放言”皆见《论语》。“法语”，乃严厉之语；“放言”，随便说，牢骚悲愤。

本卷“俭约”条。“国奢示之以俭”，出《礼记·檀弓下》。“岂可使许子将见之”，见《后汉书》九八《许劭传》。《后汉书》好用人别字，凡三字即其号，因后汉人皆单名也。三国亦然，无二字名，诸葛亮、太史慈俱复姓单名。“晋蔡充”云云，见《晋书》七七《蔡谟传》，云其父名克，此处“克”作“充”，此引《世说新语·轻诋篇》注，《太平御览》八一六则作“克”。“北齐李德林”云云，见《隋书》四二、《北史》七二，此引《隋书》。“李僧伽”云云，前三人均冠朝代，此独无，李僧伽必是北齐人。不懂著作规矩者不可用此法，亭林先生是行家。应作“不列传人名索引”，但极艰难，高明人不肯作，低能人作不了。低能人作出，人不敢信。李僧伽见《北史》李延寿《序传》。延寿以上皆叙其家世以光大门户，惟不提行，最讨厌，自己可以在书眉上注明。沈约《宋书》亦然，沈林子、沈田子皆宋大将而无传，沈约皆入

《序传》以光大门户。《通典》补之，朱竹垞疑之，不知皆来自《序传》也。袁叔德，名聿修，见《北齐书》四二、《北史》四七，其名取自《诗经》“无忝尔祖，聿修厥德”。杨绾“居庙堂，未数日”，此引《旧唐书·杨绾传》，“日”原作“月”，此作“日”误。“李师古跋扈”云云，旧、新《唐书》李师古、杜黄裳两传均不载，此见《幽闲鼓吹》，有《学海类编》本。亭林骈文铿然可诵，如本段之“禁郑人之泰侈，奚必于三年；变雒邑之矜夸，无烦乎三纪”即是，前句出《左传》襄三十年，后句出《尚书·毕命》。

本卷“大臣”条。第一段，“王阳黄金之论”云云，见《汉书》七二，王吉，字子阳。

第二段，“杜黄裳元和之名相”，可参考《铸史骈言》，为一小书，以史事熔铸成骈句。

本卷“除贪”条。《孟子》所谓“一治一乱”，社会不好时贪官自出。第一段，“商后作其丕刑”，见《尚书·盘庚中》。“《夏书》训之必杀”，见《尚书·胤征》。

《廿二史劄记》有“宋初严惩赃吏”条。“于文定（慎行）”云云，见《谷山笔麈》三《国体》。

本条第三段，引《北梦琐言》，其中陶玘等见卷十八，丁延徽事见卷十九。

本条第四段，引《册府元龟》，见《册府》一五四《明罚门》。

本条第五段，亭林言“贪人败类，其子必无廉清”，乃过激之言。历史是活的，要怎么讲，须找出材料，配合自己之思想。如只要如何讲而无凭证，不可。真金不怕火炼。“赃吏子孙不得详举”为汉桓帝所行。桓帝坏人，不能作为凭证而斡旋之，乃找李固、杜乔，所谓“李固、杜乔，朋心合力，致主文宣”，见《后汉书》九三《李杜传》赞。阎百诗驳之云，诏下时李固已去，杜乔未来，与诏书无关。阎百诗驳之甚是。

本条第六段，引《元史》十二《世祖纪》，至元十九年九月严惩官吏赃罪敕。顾氏言元代治贪官，断章取义，适得其反。我在《胡注表微》云，元世祖好货，甚于唐德宗，竭中华之物力，藏富于勋戚，以厚其根本，见《表微·货利篇》。作历史须弥缝得好。我在南京言，通史须先立意义，人看后得什么效果，生什么力量，须有对象。作历史须看若干年生效。一历史不能括之，分作之。用历史造成一未来之国家。

本卷“禁锢奸臣子孙”条。一人坏何能连及子孙？

本条第一段，两引《新唐书》，禁杨素、李林甫、杨国忠等子孙事，分见一〇六《杨元禧传》及二二三上《奸臣·李林甫传》。劝善较惩奸效力尤大。报纸不宜登自杀消息，无用，偶然评论可以，描写桃色案尤不应提。好事应多登，劝善可也。

本条第二段，见《旧唐书》二，引得太长，当时难得。

注引《新唐书》二《太宗纪》，以其简也。《新唐书》不载长诏书，《旧唐书》较此为详。二者任自己择用。

本条第三段，所引《册府元龟》见《册府》五二〇《弹劾门》。

本条第四段，引《杨元禧传》所载武后制，见《旧唐书》七七。注则用《新唐书》一〇六之《杨元禧传》。

本条第五段，顾言："宋末蒲寿庚叛逆之事，皆出于其兄寿宬之画。"我于《元西域人华化考》曾辨之，蒲寿庚之叛与其兄无关。寿宬有《心泉学诗稿》，《四库全书》别集类著录。我当时在丘葵《钓矶诗集》中发现有与寿宬唱和诗，并有挽寿宬诗二首，而丘之老师吕大圭是死于蒲寿庚之难者。可知寿宬绝非如史所载为弟叛逆策划。如汪兆铭（精卫）与其兄兆镛不同，兆镛作《微尚斋诗》，抗战后与兆铭绝无来往。

同班同学刘翰屏 1948 年 3 月 31 日日记："陈援庵先生从南京开完中央研究院评议会回，虽被选上了院士，但不大高兴。今日上午上课时，在黑板上写了黄巢之乱时一个热衷功名的人的诗：'与君同访洞中仙，新月如钩拂户前。领取嫦娥攀桂子，任从陵谷一时迁。'（超按：见《明季滇黔佛教考》卷三，"士大夫之禅悦及出家"。）并加按语云：'内乱与外患不同，内乱不易引起人敌忾同仇之心如此。'"

同段，"三叛"见《左传》昭三十一年。此种典故须找出，为寻常作文用。

本卷“家事”条。第一段，“子木问范武子之德”云云，见《左传》襄二十七年。

本条第二段，“《史记》之载宣曲任氏”，见《史记》一二九《货殖列传》。“《汉书》载张安世曰”，见《汉书》五九《张安世传》。“《后汉书》载樊宏父重曰”，见《后汉书》六二《樊宏传》，即列传二二。

本条第三段，“然则今日之官评，其先考之《僮约》乎”，关于社会风俗、奴隶制度，须看王褒《僮约》，见《艺文类聚》三五、《初学记》十九、《太平御览》五九八等、《古文苑》，皆有引用。王褒《僮约》之著名可知矣。《古文苑》多载《文选》所不载之文，如补遗。

本条第四段，孔父、霍光，很好的清官为其太太所堕名者，甚多其例。《古事比》以古人同类之事置于一处，甚好，但不注出处。此等类书皆为作文之用。

本条第五段，明末士大夫养歌僮，甚为普遍，谓之“家苑”。

本卷“奴仆”条。第一段，“唐李义府”云云，见《旧唐书》八二本传。注引潘岳《西征赋》，见《文选》十，甚有名之文。官亲甚坏官之名誉，如主考之官，试卷为官亲所见，向被取者索要贿资，及发榜，果取矣，而官誉亦坏。“六逆”出处见《左传》隐三年。查典故，可查《读书记诵略》、《小学绀珠》、《大明三藏法数》。《小学绀珠》附《玉海》后，亦有单行本。《三藏法数》则记佛经中之数字，如“五蕴皆空”。

本条第二段，引《汉书·霍光传》，见《汉书》六八。引原注“皆老奴”，应为“皆光奴”，潘本已误。

本条第三段，“严分宜”云云，为严嵩，“分宜”为地名。

“廿四史”中有十史有《宦官传》，地位之重要可知。宦官如今之奴仆，至民国即无之，渐至绝种，街上犹能见之。

本卷“阍人”条。阍人即管门之人。第一段，引《大戴礼》“武王之门铭”。《大戴礼》等书，可以用一星期翻阅一遍，所谓涉猎之功。《逸周书》对于古史之重要，与“十三经”等。

本条第二段，引《后汉书》六四《梁冀传》，“冀、寿共乘辇车”，指梁冀及其妻寿。

本卷“田宅”条。第一段，“得二疏之遗意”，“二疏”为疏广、疏受，《汉书》七一有传。《千字文》“两疏见机，解组谁逼”，此等典故不可不知。“《书》又言”云云，见《旧唐书》一三四《马燧传》。因前文已引《旧唐书·张嘉贞传》，故此处只言《书》。注引《册府元龟》，见《册府》一一〇《宴享门》。王锷事见《旧唐书》一五一本传。“三桓”云云，见《论语》。

本卷“召杀”条。乱世异乎此。

本卷“南北风化之失”条。全条为骈文，铸语也，经数次修改而成。

在人不注意之处注意。人弃我取，人取我弃。此等小节应注意。

自南京至北平，我用了二小时零五十分，以后南北界限可以消失。

本卷“南北学者之病”条。亭林太悲观了。

本卷“范文正公”条。引《岳阳楼记》“先天下之忧而忧，后天下之乐而乐”。我二十年前曾至岳州。“马文渊”云云，即后汉马援。陈德芸是我本家，去世不久，著《古今人物别名索引》，可从人物之字号查其名。“终思少游之言”，少游为马援之从弟（同祖兄弟）。阮嗣宗《咏怀诗》见《文选》二三。注引王荆公诗“岂爱京师传谷口，但知乡里胜壶头”，见《王荆公诗集》二六《次韵酬朱昌叔》。赵瓯北挽毕秋帆诗“羊祜惠犹留岘首，马援功未竟壶头”，自王荆公诗而工尤胜之。

本卷“辛幼安”条。辛名弃疾，号稼轩，《宋史》四〇一有传。引辛词“小草旧曾呼远志，故人今有寄当归”，现在北大学生应寄当归与胡适校长，以促其归也。姜伯约见《三国志·蜀书·姜维传》注引孙盛《杂记》。太史慈见《三国志·吴志》四本传。辛幼安北人南渡，未能得大用，今之刘哲、马占山、万福麟之流。

本卷“士大夫晚年之学”条。第一段，亭林以学佛、学仙为异端，即以儒家之外为异端，不知人亦可以谓之为异端，如此岂能得了。

本条第二段，“唐玄宗开元六年”云云，见《通鉴》二一二。

本卷“士大夫家容僧尼”条。第一段，引《册府元龟》，见《册府》一五九《革弊门》。《册府》一千卷，应自编目录。

本条第二段，引张籍《寺宿斋诗》以证唐制百官不得与僧交往，引一人之诗以证，太危险了。当时士大夫与僧人来往者太多了。“因过竹院逢僧话，又得浮生半日闲”，岂不明言之。

本卷“贫者事人”条。首句为《战国策·秦策二》甘茂语，第二句见《史记》五六《陈丞相世家》。

本卷“分居”条。第一段，此种批评有时代关系。大家庭多闹家务，除非孝子。应极力避免。宋孝建中“周殷启曰：士大夫父母在而兄弟异居，计十家而七”云云，见《魏书》九七《岛夷·刘骏传》，即宋孝武帝。《宋书》八二、《通典》十四、《广弘明集》六，“周殷”皆作“周朗”。应信《宋书》，乃本国之书也，《魏书》误。“兄弟异居”，“居”字为亭林所加，原文为“兄弟异计，十家而七”。“忌疾谗害”，原文为“又疾谤谗害”。《魏书》不列传之人名可以找到，你们应自己去找，味道才是自己的。又引"《魏书·裴植传》"云云，亭林似忘前文之出处，故又书"魏书"。隋卢思道《嘲南人诗》，出自《太平广记》二四七《诙谐门》引《谈薮》，然非署宋庞元英之《谈薮》。"《地理志》"云云，为《隋书》二九《地理志》末之梁州总论。所引《册府元龟》，见《册府》五九《兴教化门》。

本条第三段，所引"陈氏《礼书》"，见陈祥道《礼书》六二"有小宗无大宗"条。陈祥道《礼书》百五十卷，有福建及光绪广州刊本。

本条第五段，引《五杂俎》。全段皆为《五杂俎》语，非据原书，何由知之，见卷十四《事部》。此书清人不用，亭林用之。

本条第六段，唐玄宗天宝元年正月敕，见《唐会要》八五"籍帐"条。《通考》十分三载引之。

本卷"生日"条。《亭林文集》卷三《与友人辞祝书》。《小弁》见《诗经·小雅》，《哀郢》见屈原《九章》。

本卷"陈思王植"条。司马顺事，见《晋书》三七。滕王瓒事，见《隋书》四四《滕穆王瓒传》。广王全昱事，见《通鉴》二六六。

《宋书》三国、晋、宋事，《晋书》多抄自《宋书》。

《耆献类征》名字末字编，燕大又改作以姓为主。书札多不署姓，可以查《耆献类征通检》，以名为主也。

本卷“降臣”条。第一段，“《记》言：孔子射于矍相之圃，贲军之将、亡国之大夫不入”，见《礼记·射义》。抗战时我在返校节曾据此讲孔子开运动会故事，新闻传至重庆。“或称谯叟”，即谯周，劝后主降魏者也，见《三国志·蜀志》十二。“《春秋》僖十七年”云云，原为庄十七年，潘本已误。僖十七年，庄十七年，尽找出十七年，可知其误。“弘演亡”云云，弘演，卫懿公臣，见《吕氏春秋》。

本条第二段，张天纲事，见《金史》一一九本传，参《金史》一二七《隐逸·褚承亮传》。

本卷“本朝”篇。第一段，以“本朝”二字为题者始自亭林。我之《胡注表微·本朝篇》引自此。遗民无世袭者，初亡国时尚有慷慨激昂，数世后则无此思想矣。吾广东大姓一万多人一族，乡间遗民后代有受气者，实无法，须经考试，则须在祖宗面前打屁股然后考试。为官后始能与对方族群相抗也。引《颜氏家训》，颜之推即事四朝。所作文章尔雅，其子孙师古等极好，故能掩盖其历仕梁、陈、周、隋。

本条第二段，“《旧唐书》刘昫撰”云云，《旧唐书》非刘昫撰，拜相时适逢其会。且《旧唐书》中“皇朝”、“我朝”，皆唐旧史之言，非修史人所云，因而未改也。《旧唐书疑义》讲此理甚明。亭林知之而故意言之，为钱谦益也。《旧唐书》又有称“大唐”、“国初”，《李吉甫》、《陆贽传》称“国朝”，《唐临》、《徐有功传》称“今上”，《穆宗本纪》亦有称“本朝”者，皆唐史所记。《胡注表微》即讲此乃承前史旧文。

本条第三段，亭林谓胡三省注《通鉴》成于元至元时，注中凡称宋，皆曰“本朝”、曰“我宋”，其释地理皆用宋州县名，惟一百九十七卷等，注曰“大元”，以宋无此地，不得已而书之也。亭林之言有语病。我作《通鉴胡注表微》，对于胡注中出现“本朝”、“我朝”、“大元”等，列有表，统计过见于何处，花过很大功夫。胡注全部称“本朝”者只有二处，即卷一九一、二〇一。卷一九七以前，亦有称“大元”者。亭林两引“陈元靓曰”，乃《事林广记》乙集卷二之言。靓，广东人谓人美曰靓。广东人以为甚俗，外省人以为甚雅。朱古微甚称之，词中常用。广东话“睇”，即北平人“瞧见了没有”之“瞧”字。

第十四卷“兄弟不相为后”条。第一段，此为民俗必经之事。我在《史讳举例》卷八《历朝讳例》中，每帝庙号之前“世次”一栏中，“一二”为父子，“一一”为兄弟。亭林引贺循言，见《通典》四八，实为华恒之言，《新唐书·礼志》已误为贺循之言，下文所引贺循之言，亦为华恒之言。

同卷“乳母”条。引《旧唐书》，见卷二十下。载中书门下奏，谓后汉顺帝、安帝封乳母，致汉阳、京师地震。封乳母自不对，但何至于引起地震？并直至唐代仍相信也。

本卷“圣节”条。第一段，太宗贞观二十年十二月癸未，太宗与长孙无忌等言，亭林谓引自《旧唐书》，但本纪不载，见《通鉴》一九八，至“左右皆悲”止。玄宗开元十七年八月癸亥、十八年闰六月辛卯、十八年八月丁亥三条，均见《旧唐书》卷八《玄宗纪》及《册府》二《诞圣门》。十八年闰六月辛卯条，“散之”，《册府》作“从之”。“肃宗上元二年”云云，小注“史不书置节年月”乃《册府》原注。《集释》书“原注”，不易知为《册府》原注抑顾氏原注。注引“《册府元龟》开元二十三年八月癸巳千秋节”云云，玄宗生日为八月初五，开元二十三年八月癸巳为初十，不合，开元二十二年八月癸巳方为初五。

本条第三段，引《太祖实录》三段，分见卷七五、一三二、一三三。《明实录》应自做目录以便检查，以卷为主，下注以年。

本卷“君丧”条。第一段，“薛宣为丞相”云云，见《汉书》八三，注“《汉书》本传”，此注应前移至“修遂竟服”下。

近数年始得全祖望《困学纪闻笺》手稿。上面乱批，下面有横道，思之久，始知所批者将置于横道之下也。钱大昕《廿二史考异》初皆书于书眉，付刻时当置于何处，全氏之横道即为此也。钱《五代史考异》手稿，二十年前用二百元买得二册，为亲手所写。又得殿本《旧五代史》辑本，乃换红笔又粘上。又有王念孙《广雅疏证》稿，二十年前所买，只三册，王亲笔所写，改处甚多。沈兼士先生借用数年，借与一学生重新作，大有进步。王氏借《广雅》为法则，每一字引用许多古书之文，一字找一条材料，后来有更好者则粘其上，有粘至数层者，皆是楷书。如一层层揭下作拾遗，有趣事也。取前人手稿从新作一次，等于从其学也。

本条第七段，引“太仓陆道威”云云，见其《思辨录辑要》二一，作得极不好，乱改原文。引魏孝文帝语，见《魏书》一〇八之三《礼志》。

本卷“丧礼主人不得升堂”条。第二段，“《南史》孔秀之”云云，“孔秀之”当作“王秀之”，见《南史》二四本传，原抄本、潘本已误。南朝多以“之”字为名，父子亦名“之”，如王羲之、王献之。五代多以“彦”字为名，宋人字多用“庵”。

本卷“像设”条。第一段，注言“汉文翁成都石室”云云，文翁，见《汉书》八九《循吏传》。此语不知所出，而《韩门缀学》引之。

本卷“十哲”条。引“慈溪黄氏（震）曰”，见《黄氏日钞》三《读孟子》，至“千载之下邪”止。宋同时有二黄震，故加“慈溪”于“黄氏”之上。引文中两注，《黄氏日钞》无，皆亭林所加。

本卷“嘉靖更定从祀”条。第一段，注“请以元儒陈澔以胡安国、蔡沈例从祀”，第二“以”字，作“援”字解。

本卷“祭礼”条。全条均为陆世仪《思辨录辑要》，见卷十《修齐类》。黄氏在文中忽加入“中丞陆氏”之语，大不敬也，更易混乱至止处。

卷十五“墓祭”条。第一段，两汉南北朝，《通鉴》并用正史之文。至于唐史，有大用，分量占《通鉴》一半，多为旧、新《唐书》所无，引用之甚有力量。《宋书》与《晋书》并有者用《宋书》，亭林随手用《晋书》，未注意也。

本条第二段，引《礼记·檀弓下》，“反其国则不哭”，黄本漏“则”字。

本条第三段，“孟子言”云云为另一段，黄本相连。“曲沃卫嵩曰”云云，“嵩”应作“蒿”，《曲沃县志》作“蒿”，明末人。张穆《亭林年谱》康熙二十年条引《志》亦作“蒿”。《亭林诗集》卷五《赠卫处士蒿》亦作“蒿”。字匪莪，故知名蒿，见《诗·小雅·蓼莪》。孔子弟子冉伯牛名耕，可知以前即有牛，不能据“长沮、桀溺耦而耕”无牛为证。黄氏《集释》关于此等重要关节不顾，而整日抄别人之语塞入。

作一部书，暂定一题尽管作，即付印时始决定其题。

本卷“厚葬”条。第三段，全段均为《吕氏春秋》文。

亭林大引特引《吕氏春秋》，或因当时书难得也。其注有高诱注，有亭林注，应一一对出。

本卷“前代陵墓”条。第一段，“梁武帝天监六年诏”云云，见《梁书》三《武帝纪下》。“天监”误，应为“大同”，移前了三十三年。又注“唐太宗诏见下”，指第六段贞观四年九月壬午诏。引书应按朝代引，本条第四段引至明洪武，第五段忽又引后魏，必有原因。本条题目虽云“前代陵墓”，实分两节，五六两段兼及士大夫。第六段唐太宗贞观四年诏，见《册府》一七四《修废》。

本卷“停丧”条。第一段，自“生者犹然”至“论者嫌之”，引自《宋书》六四、《南史》三三《郑鲜之传》。“滕恬为丁零翟所杀”，“翟”下缺“辽”字，“所杀”原作“所没”。注文中引鲜之之议，则只见于《宋书》，《南史》不载。下文“乌程令顾昌玄”云云，注“《南齐书》本纪”，误，实见于《南史》四《齐高纪》建元三年九月条，为《南史》之新材料。《南史》对于《宋》、《齐》、《梁》、《陈》四史，多删其文章而补以零碎新材料，颇似《新唐书》自夸之“事增于前，文省于旧”。

本条第二段，引“张稷若尔岐采皇甫谧之名，作《笃终论》”，至“以至于久而不葬也与”止，见《蒿庵集》卷一，有异文。一文经数次过录，故有不同。张为山东人，亭林友。注所引刘世明、张凭语，均晋人，见《通典》一〇三“久丧不葬服议”。可先从《全晋文》找之。

本条第三段，引“陈可大曰”，陈可大名澔，元人，有《云庄礼记集说》十卷，《四库全书》礼三著录，无法找时，可用《四库》本。陈可大，一般应注其名，如前段“张稷若尔岐”之例，即易找也。《日知录》或成书经历长久而顾未留意于此。“期”音基，十二月之服；“缌”，三月之服。

本条第四段，“魏刘仲武”云云，见《晋书》二十《礼志》，亦见《册府元龟》七五一《孝门》。《册府》不用小说，皆用正史，尤其南北朝以前为然。唐代则有正史、实录之文，两《唐书》所无者，《册府》或有之。此则采自《晋书》。“梁殷不佞”云云，见《陈书》三二《孝行传》、《南史》七四《孝义传》。

本条第六段，引永乐八年七月乙巳记事，见《太宗实录》七一。“乙巳”当作“己巳”，当月丙寅朔，己巳四日，该月无乙巳。

本条第七段，引马融言，见袁宏《后汉纪》十八。以马融言为典故。平常读书，以为有理有词章者，应抄下备用。

本卷“改殡”条。第二段，全段皆为《册府元龟》文，见卷三一《奉先门》。《册府元龟》之五代史材料甚有价值。但此段亭林引得过长，又皆空言。现在印刷贵、纸张贵，更应少引。难得之书或自己的可以多引。

本卷“火葬”条。一种制度批评好坏须看时代，如一种药，须视病而言其好坏。火葬是最好法子，亭林反对。火葬好坏不能言，须视时代风俗。

本条第一段，引黄震《乞免再起化人亭状》，至“实非小补”止，见《黄氏日钞》七十中《申明》。引黄震文太长。只写“黄震”亦有毛病，因宋代尚有另一黄震，《宋史》三〇三有传，真宗时人。“魏文帝《终制》”及“《周礼·秋官》”两注，为亭林所加，非《日钞》之注。在书头上应加标记。顾氏云“荼毗之教，始于沙门”，火葬与佛教无关，是风俗是否适合民族生活经济。

本卷“期功丧去官”条。第一段，“陈寔”不能写作“陈实”，虽同，人名不能改也。党项、党怀英之“党”亦不能写作“黨”，现行邮局名稍异即不能付也。贾逵见《三国志·魏志》十五，《后汉书》六六另有贾逵，此贾逵前应加“魏”。引《曹全碑》，碑文为独立史源，不必用《金石萃编》，抄写有误，靠不住。即用，亦须用最早或更以前之著录。

本条第三段，引《册府元龟》，见《册府》一五四《明罚门》。“天成二年”云云，“二年”原作“三年”。

本条第四段，全段皆为《册府元龟》文，见《册府》八五二《友悌门》。

本卷“丧娶”条。现在书甚便宜，应多买，数目大，不用多少钱。

本卷“衫帽入见”条。引《唐书·李训传》，《旧唐书》

一六九、《新唐书》一七九皆有，此引《旧唐书》。《唐书》原无新、旧之分，《汉书》、《后汉书》，则《后汉书》自加“后”字，称《汉书》为“前汉书”为后人所加。亭林引书，多称“旧唐书”、“唐书”，颇似其“唐书”为《新唐书》；但有时又不然，“唐书”乃指《旧唐书》。此即一例。

本卷“奔丧守制”条。第三段，注“《唐书·王方庆传》，见上”，所谓“见上”者，指“期功丧去官”条第二段所引《旧唐书·王方庆传》也。《新唐书》一一六作“王綝”。亭林引《旧唐书》，有时加“旧”，有时不加，不好。引《元文类》，原名“国朝文类”，故不能用原名，如用原名，则需要写“元国朝文类”。《宋会要》原名“国朝会要”，引用时最好作“宋会要”，或“宋国朝会要”。《皇朝文鉴》称“皇宋文鉴”可矣。此不能用“名从主人”之例。后汉是朝代，后汉的《书》与新的《唐书》不同。

本条第四段，引“洪武十一年二月”云云，“二月”当作“十二月”，见《太祖实录》一二一，洪武十二年十二月戊辰条。如为二月，则应在卷一一七。

本卷“武官丁忧”条。引“国史”云云，此国史指《实录》。此段见《太祖实录》二四六，洪武二十九年八月丁亥条。引文作“洪武二十八年”，误。《元实录》与功臣列传分开，《明实录》君臣皆书。

本卷“居丧饮酒”条。第一段，“唐宪宗元和九年”云云，注引《册府元龟》，见《册府》一五三《明罚门》。

本卷“匿丧”条。“后唐明宗天成三年闰八月”云云，全条均为《册府》文，见《册府》一五四《明罚门》。顾氏此条何以不注引自《册府》？

本卷“国恤宴饮”条。《左传》当时人皆能背，故不注。此处忽注，甚怪。引书应皆注出处。

卷十六“明经”条。第一段，“唐制有六科”云云，见《旧唐书》四三《职官志》礼部，亦见《通典》十五《选举》。《通典》、《文献通考》均有《选举门》。《通典》至开元止，开元以前《通考》皆抄《通典》。唐开元以前史料不用《通考》，亭林不常用，宋则甚重要，尤其南宋，在宋为第一手，在唐为第二手。

本卷“秀才”条。第一段，引《旧唐书·杜正伦传》，见《旧唐书》七十。文中“唐代举秀才止十余人”，“唐”当作“隋”，潘本已误。《新唐书》一〇六作“隋世重举秀才”，《旧唐书》作“隋代举秀才”，“世”为太宗之名讳，故避之。可以理校之。唐代焉能只十余秀才？隋代短，故秀才少。

本卷“举人”条。第一段，注称“皇甫镇举进士，二十三上不中第”，见《通鉴》二五三，广明元年十月末。

本卷“制科”条。第一段，几全引“唐志”，为《新唐书》四四《选举志》。

本条第二段，自“宋初”至“屡罢屡复”，见《宋史》一五六《选举志》。

本条第三段，全引宋徐度《却埽编》，见卷下“国朝制科”条。引文太长。

本卷“甲科”条。第一段，引“杜氏《通典》”，见《通典》十五《选举》。可以不加“杜氏”二字，因只有一《通典》也。

本条第三段，末引《匡衡传》，注“褚先生补《史记》”，此注重要。因《汉书》八一《匡衡传》不载此事。

本卷“三场”条。“宋嘉祐中，知谏院欧阳修上言”云云，“嘉祐中”应为“庆历中”，时欧公适知谏院。嘉祐后庆历十五年。见《欧公集·奏议》八，并见《通考》三一《选举考》。“今之有天下者”为顾氏之“今”。黄氏本在奏议“亦可以中选矣”下引“钱氏曰”一段，将欧公之文横腰截断，此不检史源之过也。

本卷“拟题”条。第一段，拟题即与人作样子。“本经之中，可出之题不过数十。富家巨族，延请名士，将此数十题各撰一篇，令其子弟记诵熟习。入场命题，十符八九，即以所记之文抄誊上卷”。注引《宋文鉴》“自靖人自献于先王”即为一题，见《商书·微子》。

本条第三段，《石林燕语》可以利用，至“亦多遗误”

止。此后“若今人问答之间”之“今”，为亭林语。

本条第六段，“晋元帝从孔坦之议，听孝廉申至七年乃试”，引自《通鉴》九十晋大兴元年十一月条。注文所引胡注“缓为之期曰申”，另见《通鉴》一二七卷末宋元嘉三十年七月条。

本卷“题切时事”条。出古人语与当时有关者为试题。

本卷“试文格式”条。应注意以前科举之情形。辅仁大学作过八股文者不过五人：我，余季豫主任，余炘文，或有陆和九。八股中明末有八对，前有六对，后有结对，故称八股。表面无坏意，但无用，故一事无用者称为“臭八股”。明代称“时文”，乃对古文而言，为当时考试之文。犹汉之今古文，原指今古之字，清代即指文章，非指字矣。我们所见破题只二句，不能三四句也。我们小时先后破题二句，承题三句或四句。破、承共一行半。以后起讲，又称开讲。十二三岁时，聪明人可以超过。起讲三四行，每行二十五字，不得超过五行。再作起对，开始对了，至此大约有二百一十至二百五十字。以后再作中对，再作尾对。总称完篇。实在六对，如加结对则成八对。又称起股、中股、尾股。尾股最长，一定比起股、中股长。结对比起对、中对短。中式者合于格式。中式始能中秀才、举人、进士，翰林则还须看书法。余老先生秀才时作八股，举人时则作策论矣。有七八十岁仍不能中秀才者。我很笨，八九岁时作破题，十三岁才完篇。完篇以后即可以考。十四岁能作二三百字文章。十五岁（甲午）广东大疫，学馆解散，读《四库简明目录》、《四库提要》，不愿作八股文了。十六岁回来，家中令入省城读书，看不起，遂自己读。十八岁入北京考举人，作八股。那时刚有铁路至山海关，火车至马家铺。八月初六入场，十四出场。九月重阳出榜。自己以为准中，不出京，预备会试，但未考中，收拾至九月十五六始回广州。街上铺子因冷已封门。十六走，坐骡车。有一位同乡翰林送我至马家铺，临别时称，如照你今年这样作，十科亦不能中。归后十九岁大作八股，作得甚好。所有丁酉年起历科闱墨买齐，举人的买齐，会试的亦买齐，不用三十元，一两八分银子。从后一直往前看，喜欢的在边上打一圈。读完两摞试卷，再读打过圈的，再择出好的打两圈，再择出好的打三圈，不过一二百篇。每篇一页半，以为揣摩之资。选与我相合者，不作空洞的，有意义有考证。当时京中以为我什么都知道一点，人以为奇。其实我所知者为目录之学。至二十一岁，所知皆举人、进士之文，考秀才遂得第一。故以为几十岁不中者怪也，只要文好岂能不中？我的八股文左右逢源，曾替四五十岁人作文章，一考即中。我老师以为我的文运好，不承认文章好。秀才考七场，第一二场合起出榜。五十人一圈，第一人在顶上，称为“坐正”。出过几次正了，即中了几次第一。第一二圈，即前一百名，不能请人作，称为“提堂”、“调堂”。数千考生无法监场，此一二百人则单考，谓之“起”。我替人作者起，而自己则跌沉。

秀才考第一后，我找老翰林问之，云：你非从前之文了，以前之文有才气而不中式，至此则运用以前的才气再加以中式。彼人不过二三十岁。当时以为翰林乃了不得之人，其实亦不过如是。日本围困时，我常读八股以增抵抗之力。八股题名“逸民伯夷叔齐”，地方沦陷而不附敌者，明末清初之作。当时国虽未亡而北平已亡。此文极好。所买之两摞，只学其样子而已。

本卷“判”条。第一段，三场，第一场“四书”八股，第二场在“五经”出题的八股，第三场策问经义时务。对策有空策、实策，空策是套的假的。多对空策，敷衍而已。取真才者始极注意实策，专取三场。平常文是二三场常平稳。考翰林至清末皆是取其书法。总裁但书姓卷上，画分以符号。八个总裁八个圈，当然取中。康有为七圈一角。

“后唐明宗天成三年”云云，当作“长兴元年”，《五代会要》二二“杂处置”条作“长兴元年十一月”，《册府》六三三《铨选部·条制门》作“长兴元年十月”，天成在长兴前四年。亭林用《册府》时多，不知因何误也。

本条第二段，试判以判考试，见《通典》十五《选举》。《通典》有者不用《通考》，全部《日知录》引《通考》十余条。“今国朝之制”指明朝。“国朝”上原空一格，潘本始连之。“《通典》所云”云云，见《通典》十七赵匡《举选议》“选人条例”。

本卷“经文字体”条。“北齐策孝秀于朝堂对，字有脱误者”云云，引自《通典》十四《选举》。“孝秀”原文作“秀孝”，谓秀才、孝廉也，“对”字属上。

本卷“史学”条。第一段，殷侑原奏见《册府》六四〇《条制门》及《唐会要》七六“三传三史”条。亭林大概用《册府》。

卷十七“生员额数”条。第一段，引《唐书·儒学传》，见《新唐书》一九八《儒学传》序。“序”字不可省。

本条第二段，注引“正统六年闰十一月乙未”云云，见《英宗实录》八六。是月甲子朔，无乙未，应为乙亥（十二日）。《二十史朔闰表》可查出。你们应有一本。

本条第五段，“李吉甫”云云，见《新唐书》一四六。

本条第十三段，引“《唐书》载尚书左丞贾至议曰”云云，代宗宝应二年事。《新唐书》一一九本传不载，《旧唐书》一九〇《文苑传》有，但与所引详略不同。略者可云亭林删节，详者从何而来，应找出。《旧唐书》无选举志，《新唐书》四四《选举志》更略，《通考》二九《选举考》引亦略，《唐会要》七六所引更略。《文苑英华》七六五、《唐文粹》二八、《册府元龟》六四〇皆载全文。如讲史源，最高应用《唐文粹》，但亭林甚少用《唐文粹》及《文苑英华》，所用当是《册府》六四〇。此段亭林“《唐书》载”云云有二误：“唐书”应作“旧唐书”，参用《册府》而未言。

本卷“中式额数”条。第三段，“齐王融为武帝作《策秀才文》”，《南齐书》四七、《南史》二一均无，见《文选》三六，第五首。永明十一年事。叶公好龙见《新序·杂事第五》。此类不外出自《新序》、《说苑》、《韩诗外传》，最好翻一过，作索引更为便当。君子多识前言往行，预备自己作文章。

本卷“通场下第”条。即全体不合格，引《册府元龟》而不注卷数。此见《册府》六四三《考试门》。

本卷“御试黜落”条。为皇帝特权。第一段，引《诒谋录》，为南宋初王栐著，《四库》杂史类著录《宋朝燕翼诒谋录》五卷，此见卷五“殿试士人不黜落”条。“归咎于殿试”，其下原有“黜落”二字，不可省。《容斋三笔》十一亦记有张元事，《胡注表微》引之。胡汉民至河南参加考试，因庚子以后，北京为外人所占，改在开封，与我同考。有人说胡汉民如果中了，则不能为革命党了，不知真否，待考。考时胡与我在同一“胡同”。胡同东西走向，屋子向南，只容一床。共一百号，后面几号是厕所、堆物，只六七十个。以千字文排号，按卷子上所书之字找号，在胡同旁边有大字。上板为桌，下板为座，入时须自板下入，因上有书物也，称为“号舍”。有号军、号兵，赏点钱可以代作，但作不好。故有同舍生合作者。夜间点蜡，甚有趣。

本卷“进士得人”条。第三段，引宋马永卿言，马永卿字大年，扬州人，刘安世（元城）弟子。有记《元城语录》三卷，《嬾真子》五卷，均见《四库》杂家类。引文见《嬾真子》卷三。

本条第四段，全段均引余姚黄宗羲《明夷待访录·取士下篇》。同时人互相标榜，互引书。亭林所引为写本。有海山仙馆刻本。光绪二十四年戊戌，《明夷待访录》风行一时，无论革命党、维新党、保皇党皆读之，极时髦。

本卷“大臣子弟”条。第一段，“唐之中叶，朝政渐非”云云，原注“《旧唐书》”，见《通鉴》二四一《穆宗纪》，《旧唐书》分载于一六八《钱徽传》、一七六《李宗闵传》、一七六《杨汝士传》。“旧唐书”、“唐书”乱用，其例不一，精神须贯彻到底。“宋开宝元年”等三小段引《山堂考索》，见《考索》后集三六。《山堂考索》考宋史极有利，清人不甚用，现代人用似时髦也。

本条第二段，全段实引自《册府元龟》六三八《铨选部·谬滥门》，此事亦略见《旧唐书》一一三《苗晋卿传》。《册府》有抄自《旧唐书》者，有抄自实录者，不用小说、街谈巷议。清人不用之故，以为抄自“十七史”。其实抄自北宋初之“十七史”，更有补校之功。刘文淇校《旧唐书》曾用之，此外无人用。亭林明人，焉知天宝事？故知必有所本，盖漏注也。

本条第三段，正史皆容易读，不用谥，不称封号。《册府》亦来自正史，故亦然。《石林燕语》乃小说之类，甚客气，多称号，如“范杲，鲁公之兄子”，鲁公为范质。《日知录》“鲁公”下应书“质”字，省天下人若干时间。“以文正为相”，指李昉，昉谥“文贞”，后避讳作“文正”。“有官人”即官卷，有人说好，有人说不好。世禄之家子弟读书易，多被取，来自田间者便不易取，故几品以上别立官卷，限制名额，来自田间者不受威胁矣，世家子弟则有不被取录者矣。亭林自己之考证太少，皆是抄自他书，在我们论文中只可置于附录，低一格。如天宝二年一段。如康有为之卷应加△（○好，△次，×不及格）。

本卷“糊名”条。第一段，糊名之法现在仍用，怕人与主考熟者即取之，糊其名，只凭其文也，暗中摸索可矣。第二步为誊录，有誊录官，随考官入场，将举人墨卷抄成朱卷。看卷人则用蓝笔，在闱中唱和之诗亦皆用蓝笔。亦有关节，既有糊名、誊录，则有如“天下太平”等极普通之语预先约定置于何处，考官见有“天下太平”即知此卷已曾受贿，即取之。然亦有别人亦用此四字者。

同段，“贞元中”云云，注“《册府元龟》”，见卷八四三《知人门》。“《唐书》本传”云云，见《旧唐书》一三九。“太和初”云云，注“《武陵传》”，见《新唐书》二〇三。引《宋史·陈彭年传》，注“《文献通考》略同”，见《通考》卷三〇《选举》。所引者《通考》虽有载，但极少用。

本条第三段，全段皆引《容斋四笔》，注明《四笔》尚可，但引文太长。引文中之注，有《容斋四笔》之注，有所引《昌黎集》之注，统写“原注”，外行。应如《史记》、《汉书》之例，写明《索隐》或颜氏注。诗集有编年、分体、分类之不同，卷数皆不同，故只书题即可。

本卷“搜索”条。主考只管看卷，监临监视考官不许作弊，又监视学生不许捣乱。出题目自“四书”中。有钱之人可以请人作文，每一句能作成题者皆作之，不过八万十万字。用绢绫一寸多方作于衣服之内，一篇约五百字，抄蓝本。所谓搜索者，即搜索是否藏有蓝本。

本条第二段，引“《舒元舆传》”云云。第一段明引《旧唐书·李揆传》，此《舒元舆传》似为《旧唐书》，但此段《旧唐书》一六九《舒传》不载，见《新唐书》一七九《舒传》。但此段全文见《唐文粹》二六，亭林未用。

本卷“座主门生”条。第一段，座主为考取之官，清人对之尤重于受业师，不对。

本条第二段，引刘克庄《跋陆放翁帖》，刘克庄有《后村大全集》，以前难得，现在满街有，无目录，不易找。毛子水犹云今日买《四部丛刊》而不能。引王元美《觚不觚录》，应书明在《宝颜堂秘笈》中。

本条第四段，引崔祐甫议，见《唐文粹》四二《广丧朋友议》。

本条第五段，引《风俗通》，见卷三《愆礼》。《风俗通》有逸文，散见各书。注引“《汉书·荀爽传》”，见《后汉书》九二，“后”字不能省。注“魏景元元年”云云，见《通典》九九。

本卷“同年”条。唐宪宗问李绛事，见《通鉴》二三八元和七年正月条。胡适之到上海，编《四部丛刊》的张元济老先生请胡吃饭，说是请“举主”吃饭。因张是院士，胡适之是评议员，故云举主。胡适之说，我们是同年，是同年。因胡也是院士。

本条第一段，令狐楚等保护同年进士皇甫镈事，见《通鉴》二四一元和十五年正月条。引汉《敦煌长史武班碑》，见《金石萃编》八。引碑可以不注出处。《金石萃编》格式甚内行，好处在每碑碑文顶格，王昶前人之考证低一格，注明出处，末附以己意，再低一格。但书并不好，虽内行而无功夫。王昶（兰泉）著此书时目力已坏，皆是门生故吏所作，不负责。学生替老师作，应书名。好坏皆是老师的。顶格之录文皆靠不住，每碑有误字，等于《四库提要》。考证亦多靠不住，亦学生作，不认真。我不用此书，举误例时则用之。王兰泉为嘉庆时“嘉定七子”之一。

本卷“先辈”条。第一段，“先辈，乃同试而先得第者之称”，翰林相称多称先辈。有些留学生写信与我称前辈，不对，他们够不上后辈也。翰林自称“蓬山旧识”，来自《翰苑》。此引程氏《演繁露》，错误甚多，南宋刻书随便，不谨严。今本未必为原本。《演繁露》此段大部引自《通典》五三《礼》“太学”条，至“试通亦叙用”止。“满一岁试通一经者称弟子”，“一岁”原作“二岁”。“满三岁试通三经者擢高第”，“满三岁”原作“掌故满二岁”。

本卷“出身授官”条。第一段，注引“《册府元龟》贞元十八年”云云，见《册府》六四〇《条制门》。又“太和元年”云云，见《册府》六四一《条制门》，“太和”应作“开成”。又“二年正月”云云，亦见《册府》六四一《条制门》，“正月”应作“五月”，并见《旧唐书》十七下《文宗纪》，“二年”作“三年”。《册府》编年远，《旧唐书》编年近，故《册府》易误。

本卷“恩科”条。第一段，“赵孟之礼绛人，穆公之思黄发”，“绛人”、“黄发”皆指老人。此二句言当重贤不重老之意。非故事。

本条第三段，注“别见后‘广额’条下”，“后”当作“前”。所谓“广额”条即本卷卷首之“生员额数”条，为后改之名。此等事须看精神。一字不可放过，以后作东西才能精密。

本卷“年齿”条。第一段，注文“儒有一家之学，故称家法”，此为章怀太子注，见《后汉书》九一《左雄传》。“文吏课笺奏”，“笺”，潘本误作“牓”。

本条第二段，“青云之路，跬步可阶；五尺之童，便思奔竞”，文章真好！

本卷“教官”条。每一县有一教官，但不教书，多为老举人，有学问的少。程瑶田（易畴）为嘉定教官一辈子，了不得之人，极少。同乡如王西庄、钱大昕等。

本条第二段，引虞集之议，见《元史》一八一《虞集传》。

本条第五段，引太仓陆世仪言，见《思辨录辑要》二十。陆氏为正派清官，于学问稍差。《思辨录辑要》删得甚乱。

本条第六段，引《盂县志》，乃山西平定州，不易找。顾氏留心西北经济，对于县志留心。

本卷“武学”条。第一段，引《山堂考索》，见《山堂考索》后集二九《士门》“武学”类，此概括引之。

本卷“杂流”条。谓非科举正统出身者。引欧阳詹之记，见《唐文粹》七七《太学张博士讲〈礼记〉记》，《文苑英华》亦载。

本卷“通经为吏”条。第一段，引汉武帝从公孙弘之议，见《汉书》八八《儒林传》之序，非传中之语。又引王粲《儒吏论》，见《艺文类聚》五二、《太平御览》六一三。

卷十八。十八至二十一卷为艺文，甚重要，皆寻常用着者。十八卷共二十三条，潘本删“李贽”、“钟惺”二条，应补上。

本卷“秘书国史”条。第一段，《四库提要》如不找原书则不知其误。此其技，亦其弊。注文“阳城好学”云云，见《旧唐书》一九二《隐逸传》、《新唐书》一九四《卓行传》，根据其字句，系引《新唐书》。“帷囊同毁，空闻《七略》之名”为出联，“冢壁皆残，不睹六经之字”为对联。梁任公常骂人为“六经未卒业，诸史未知名”。

本卷“十三经注疏”条。第二段，引《旧唐书·儒学传》，实为《旧唐书》一八九上《儒学传》序，“序”字不能省。又引《宋史·李至传》，“五经书既已板行”，“既”为“疏”之误。又引《新唐书·孔颖达传》，《新唐书》之“新”字，在《日知录》中极少见。读书于此细微处、人未注意处应注意。

本卷“监本二十一史”。第一段，无《旧唐书》、《旧五代史》、《明史》三史。亭林时尚无此三史。注文注陈群事极好。注文又引《北史·陆印传》，陆印，见《北齐书》三五、《北史》二八，明刻《北史》妄改其文。不可不得其解则妄改。又引《晋书·华谭传》，“始淮南袁甫字公胄”，此“始”乃先是、当初之意，明本《晋书》误于“始”字绝句。勾段亦殊不易。凡此工具书皆无之。孔子云“沽酒市脯不食”，吾之于买来之工具书亦不用。又引陆深《金台纪闻》卷一，见《宝颜堂秘笈》续集。应注明“续集”，因《宝颜堂秘笈》有正、续、广、普、汇及《眉公杂著》共六集。

本卷“张参《五经文字》”条。注文引“《唐书·经籍志》”云云，应为《新唐书》五七《艺文志》书类，《旧唐书·经籍志》不载。《旧唐书》各志之序皆应读，如《经籍志》序。应自今日起买二三百页一样的纸，抄出并标点，请人看是否正确。《新唐书》之《艺文志》亦应明白。非经名师指点，一二周内不易明了也。

本卷“密疏”条。引唐武宗会昌元年中书门下奏，见《旧唐书》十八上。其中所谓“近见实录”，“近”指会昌时，“实录”为《唐实录》。

本卷“贴黄”条。第一段，奏稿甚长，用黄纸写其主要意义，以便于皇帝之看也，犹今报纸之大字。光念正史不够，应常翻笔记。又须视其记性矣，说及某事，须知某书某人，始为真知。书随便翻翻，看其内容、背景、作者党派，常识丰富。

本卷“《四书五经大全》”条。第一段，《四书大全》为明朝官书，如今之部定教科书，明则用之一代。不过现在之教科书一塌糊涂，头等人才养不起也。

本卷“《书传会选》”条。“八股行而古学弃，《大全》出而经说亡”，套《汉志》“仲尼没而微言绝”之语，“而”字为蜂腰。

本卷“内典”条。第一段，注文“‘内典’字见《册府元龟》引《唐会要》”云云，见《册府》五二《崇释氏门》。“王彦”，据《旧唐书》十七下开成二年正、二、九月各条，应作“王彦威”，因避后周太祖郭威名讳而去“威”字。“进准宣索《内典目录》十二卷”，根据政府之命令也。《新唐书》五九道家类附释氏书，因当时释家类未独立，其书附于道家类之后，其中有《内典博要》三十卷，甚早，又有《大唐贞观内典录》十卷。俱早于五代而引王彦威。毕业论文中如有此一条则将抹去扣分。因为亭林太疏略，不如不提。不印行，自己记之则可，否则不成。不知者不说。

各方面皆顾则不专，只重一二方面则上算。

本卷“心学”条。第一段，整段皆为引《黄氏日钞》五“读《尚书》”条之文。黄汝成《集释》在“愚按”前插方东树语，颇似此“愚按”为亭林之按，此下皆亭林语。此实最可笑之事。（超按：《集释》确因此而误导后之研究中国思想史者。）

本条第四段，注文引“卫嵩曰”云云，“卫嵩”为“卫蒿”之误。《小腆纪传》五三有卫蒿，字匪莪，与傅山相友善，即此人。卷七“梁惠王”条末注亦误作“卫嵩”。潘本此字独不误。黄本《刊误》云：“嵩，诸本并误‘蒿’，今改。”所谓以不误为误也，应扣十分。

本卷“举业”条。第四段，“(艾南英）又曰”云云，“姚江”知为王阳明。“兴化”指李春芳，“华亭”指徐阶，分见《明史》一九三、二一三。当时其名显可知，名微则人不知。我们作文章不可用此法。

本卷“《朱子晚年定论》”条。第二段，“王文成（守仁)”云云，前人客气，对所尊敬者不直称其名。前称守仁为“姚江”，此又称“文成”。又引“罗文庄（钦顺)”云云，则太应该加了。明朝有二“罗文庄”，俱江西人，相差二三十年。罗钦顺，弘治六年进士，见《明史》二八二；罗洪先，嘉靖八年进士，见《明史》二八三，后钦顺三十六年，亦谥文庄。后人看之如同时，例如看远处电灯一样。王阳明卒于嘉靖七年，年五十七。罗洪先不可能致书与王守仁也。钦顺著《困知记》，与王守仁书见《困知记》附录。《四库提要》儒家类存目三孙承泽《考正晚年定论》，《提要》谓“《晚年定论》初出之时，罗洪先致书守仁”云云，大误。随《提要》而错者不知若干。如用求史源之法考《四库提要》，可知其错得一塌糊涂。此其一例。何叔京，名镐，黄直卿，名榦，朱子弟子。

本卷“钟惺”条。第一段，注文引“钱氏”一大段，此钱氏指钱谦益，原作“钱尚书谦益文集”，其书在禁书之内。以学问、行辈、名誉，钱氏皆在亭林之上，至投降清朝而名声扫地，名声乃落在亭林身上。《四部丛刊》中有钱氏《有学》、《初学》二集，以前皆禁书，实在亭林之上。后人引钱氏之言者，多去其名。《四库提要》即用其语而用他人之名。广东芋头甚大，有半尺，甚香，泥水匠用芋头补墙上孔洞。《四库提要》如有空名，皇帝要问，遂乱用他名，如找史源，自不能找到，颇似之。景教碑出，钱谦益作《景教碑考》。其书禁止后，传抄者但书“钱氏《景教考》”。当时大师朱一新作《无邪堂答问》作此文，改作“钱竹汀《景教考》”，可以扣二十分。钱大昕当时名气已起代之，故朱一新误。

本卷“窃书”条。第三段，引“《旧唐书》姚班”云云，见《旧唐书》八九。“班”应作“珽”，宋讳缺末笔，遂误作“班”。“隐没古人名字”，潘本不误，黄本“古人”误作“士人”。

本卷“改书”条。第三段，引骆宾王《为徐敬业讨武氏檄》，徐敬业为李勣之孙，勣本姓徐，赐姓李。敬业在两《唐书》中均附其祖《李勣传》。檄文中“伪临朝武氏者”，敬业起兵时，武氏尚未革命也，《旧唐书》六七《李敬业传》、《唐文粹》三〇上及《骆宾王集》十，均作“伪周武氏”，妄改古书。又引“《旧唐书》李泌对肃宗言，李贤作《黄台瓜辞》”，此语不载于两《唐书·李泌传》，而载于《旧唐书》一一六、《新唐书》八二之《承天皇帝倓传》，又见《通鉴》二二〇，此引自《旧唐书》而略有改易。“四摘”，钟惺《诗归》妄改为“摘绝”。

卷十九“文须有益于天下”条。无用之说何必说。

本卷“文不贵多”条。第一段，抄书行款须与原书同。《集释》本条与上“文须有益于天下”条相连。亭林《日知录》每条之题低一格，为反对八股文之低二格也，故两条之间隔分明。

本条第三段，引“秦延君说《尧典》篇目”，注云引桓谭《新论》。《新论》今佚，应引自《汉书》三十《艺文志》“六艺总论”，颜师古注引《新论》作“秦近君”。误不误与异同不同。亭林作“延君”不误，今本师古注作“近君”误。《汉书》八八《儒林传·张山拊传》作“秦恭延君”，名恭。张为《尚书》专家。《文心雕龙·论说篇》“秦延君”作“秦君延”。王应麟《汉艺文志考证》已辨之，附《玉海》之后。

本卷“立言不为一时”条。第一段，不能看得太浅，不能为一时。

本条第二段，引“《唐书》李叔明”云云，见《新唐书》一四七，《旧唐书》一二二无。下文“作文润笔”条第四段引《新唐书·韦贯之传》又加“新”字，自乱其例。

本卷“文人之多”条。第一段，“陆文裕（深）所记刘文靖（健）告吉士之言，空同（李梦阳）大以为不平矣。（见《停骖录》）”，全书如皆有此等原注，再加卷数，太好了。

本卷“巧言”条。第三段，“《唐书》言李林甫”，“又言高骈”，前者见《旧唐书》一〇六《李林甫传》，后者见《新唐书》二二四下《叛臣·高骈传》。

本卷“文辞欺人”条。第二段，“朝赋《采薇》之篇，而夕有捧檄之喜”，下句为潘本所改，原作“赴伪廷之举”。潘耒其兄死甚惨，当与清不两立，落水之后不辩可矣，为清之博学鸿词可矣，至此良心发而改之。亭林即指明代遗老赴清之博词者也。

本卷“修辞”条。第一段，游定夫为游酢。

本条第三段，王元美为王世贞，范介儒为范守已。

本卷“文人摹仿之病”条。第一段，梁简文《与湘东王书》，见《梁书》四九《文学》上《庾肩吾传》。裴鸿胪为裴松之。①

本条第三段，引洪氏《容斋随笔》，《随笔》之后尚有《二笔》、《三笔》，但引《容斋随笔》不能改为“一笔”。

本卷“文人求古之病”条。第三段，引“《唐书》郑馀庆奏议”，见《旧唐书》一五八、《新唐书》一六五。原文已为《新唐书》所改，此用《新唐书》。

本卷“古人集中无冗复”条。一人自二十岁至老年，一

---

① 裴松之未做鸿胪，其曾孙子野曾任鸿胪卿，故裴鸿胪为裴子野。——编者

文有数次用者。一篇篇发表，人不觉。如在一起发表，当去之或改之。往往得前人手稿与文集不同，即此由也。

本卷“书不当两序”条。明代人序有时多于原书，故觉其病。王西庄不为人作序，亦不请人为序。我以为可以有二序，不必古人无之则无也。古人无电灯。

本卷“志状不可妄作”条。亦为当时而言。

本条第二段，籍谈见《左传》昭十五年，原伯鲁见《左传》昭十八年，一为数典忘祖，一为不学无术。

本卷“文非其人”条。第二段，引《韩昌黎集》之《上京兆尹李实书》及《顺宗实录》书贬李实为通州长史，同一事也，韩愈前谀后诋。

本卷“古文未正之隐”条。“古文”，目作“古人”。

本条第二段，“胡身之注《通鉴》”云云，见《通鉴》二八〇天福元年七月条“此天意也”句下。

本条第五段，“《晋书》刘元海、石季龙，作史者自避唐讳”，乃避唐讳“渊”与“虎”。引书如引《晋书》，应仍《晋书》之名，不能改为刘渊、石虎，如自己著书，则可以称其本名刘渊、石虎矣。《通鉴》是著书，故可称其本名。

“清代史学考证法”听讲笔记

（1948年10月至1949年6月）

李瑚记录，未经讲课者审阅，陈智超誊清

《日知录》卷一至卷七讲经义。《汉书·艺文志》本刘歆《七略》，无史，只有《春秋》，史甚后，《汉书》并未独立。等于哲学早有，但无系统之学；经济亦然，只有经济之事而无经济之学，因此经即是史。章实斋“六经皆史”之言并不新鲜，实则经之所载皆史也。上古史不从经入手者，尚何求乎？称之为经者，经常不变，尊之也。故虽讲经，亦实讲史。

讲史学、讲文学，未读经，岂可成乎？成名难由徼倖。史学家尤难成名。书太多，三十岁以前难成史学家。文学家、哲学家二十五岁以前即可成名，史学不可也。

经学若根本未翻过，何能称为二年、三年级研究生？

我明年七十，更觉得所见太少，所知太少。并非自馁，亦非自卑。诸君比我聪明，三十五岁时将与我相同。

今年我将“十三经”涉猎一遍。

《日知录》三十二卷，最近发现一本。潘耒本康熙时刻，刻时即未按亭林先生原本刻。

亭林生前自刻八卷本，为第一个刻本。内容与今本不同，有今本所无之内容。北平只有一本。

黄汝成未见过八卷本。有时生近者能见之，有时生得远一点始能见之。

凡史料皆成漏斗形，当初甚宽泛，相当时间后集中，始可见之。例如第一次欧战之史料散在各国，欲作欧战史而不可得。相当时候秘密性已过，各国开放交换档案，始可知之。

近代史太难作，史料散漫不集中，难作。

黄汝成只能收到三个元本而未见八卷本。

黄汝成最大毛病，卷数皆照潘本。潘本原三十二卷，黄本亦同。三十二卷虽同，分卷不同。今人引用卷数，潘、黄二本与元本皆不同也。元本分卷不匀，潘本改之使匀，作书限定匀不可能。黄本编在道光时，既有三个原抄本，应说明潘本分卷之不对，今恢复元本，使人知有分卷之不同。黄本皆按潘本，如元本不出可矣，现在又找到一原本抄本。

张继先生曾得一抄本，我与之争买，彼以重价买之。彼以国朝元老，以三十元买之，我一寒士未能得之。黄侃在南京中央大学作《日知录校记》，即以此本校之。此本已与黄本不同，黄氏以目录校之。

我所得者为吴骞（兔床）所藏，其后为陈鳣（仲鱼）所藏，得之后我“跳起三丈高”。此为文学家语。此本与张溥泉（继）所藏正同。五个之中有重复者，或皆在黄汝成三本之一。

潘耒、黄汝成所删改者及分卷不同，皆可知之。潘、黄本

第八卷在此原本第十一卷。潘、黄四、五、六、八原本皆分成二卷，故第七卷为第十卷。今本第十四、十五，十六、十七，十九、二十，二十八、二十九，此八卷原本两卷合为一卷，故总数仍为三十二。潘、黄本太流行，故仍须依今本卷数。

学问以公布为主，未发表得不到批评。既公布之，则其错误为人所攻矣。

他日有好事者印之，则须用原本卷数。

卷一“三易”条。将其题目找出在何卦中。上、下经。孔子《系辞》上、下，《说卦》，《序卦》，《杂卦》，《彖传》上、下，《象传》上、下，《文言》。自《彖传》上、下为一、二，《文言》为五，《系辞》为六、七，合为十翼。《彖》、《象》杂入六十四卦之中，《文言》杂入《乾》、《坤》两卦中。拆散者五，与人研究便利，仍旧者五。

古人引经时或不书出处。《史记》、《汉书》犹有时书之，尚可找到，经书不书，则不易找出。

我平常不专讲研究法，只通过一部书讲方法。

第一卷“三易”条之题低一格，我教人作文，题皆低二格。然则亭林不足法欤？低二格较为便当。因为作一考证文，常将一段中第一行顶格，第二行以后皆低一格。现在作法，第一行低一或二格，第二行及以后顶格，皆容易看清楚之意。如按旧法，则题目将与正文第二行及以后相混。《日知录》正文皆顶格，故题目低一格。

实则为潘本胡闹。顾氏抄本则低二格，雍正时抄本亦低二格，避“胤”，“弘”、“历”不避，“玄”亦不避。清顺治、康熙时避讳不甚严重。顺治“福”、“临”不避，如“五福临门”。又知其为雍正四年以前之写本，因四年始避孔夫子讳，“丘”避为“邱”，或“丘”缺笔。

考证如打仗，渐渐缩小范围。

潘耒将题目低一格，亦自有其理。

“三易”之题是根据《周官》，即《周礼》，但《书经》中有《周官》一篇，为小例外。

亭林作“《周官·太卜》”曰，范围太大。《周礼》有六官，太卜在“春官”。所以不书“《周官》”，但书“《春官·太卜》”可矣，既精密又省字。或作“《周礼·春官·太卜》”更稳当，但多二字。

本条“夫子言”至“中古乎”，见孔子《系辞下》，“又曰”至“与纣之事邪”亦同。今天我们引书不用此法，应加“系辞”二字。因顾亭林当时，无人不读《易》。

作考证文，但书“孔子云”不可，讲义或随便说说可以。

引孔子言以为证，是。根据以上二语，故知文王所作之辞始名为《易》。

《连山》、《归藏》不可带“易”字，犹之蒙古人称庙为“昭”，今日有称“昭庙”者。

此段二引《系辞》，一引《周礼》。

一个人什么皆懂则一样不懂，太只专一样亦不可，须先博后约。徒博则不能成功，先约而后博则不通。先博后约始能成金字塔形。

《墨子》之言见于卷八《明鬼下》，原文不相连，分说四种《春秋》之内容。

黄汝成之注自外面作入，非自里面作出者。注书有二法，一由外进，一从内进或内出。外进不看本书，但找外面相关连之材料按条插入。书成，有懂得便懂得，不懂便根本不能懂。例如雷氏（学淇）之文，非解释《日知录》者也。《晋书斠注》即用外进法，《晋书》本身并未看。只要与《晋书》有关者，一为显明是《晋书》者，如《晋书校勘记》、《晋书校文》；但一种为《廿二史考异》、《廿二史劄记》有之，或其他笔记中记载者，然后外进之。内进者日前读之，在本书中遇不懂者则考之。我们应作内进之法。

“三易”条有两段。第二段，是犹第一段之比，“《左传》僖十五年”，此引可谓标准之引法。“战于韩”，谁与谁战不可知，今人引此文应书明“秦伐晋，战于韩”。“卜徒父筮之曰吉”，“秦”字不加自明。卜为职业，如《孟子》中“弈秋”之“弈”，以其善于下棋也。“蛊”为卦名，在上经。此为普通常识，不知者四十岁亦不可知，知之者数分钟便知。“大有”、“鼎”、“丰”之类皆是。“成十六年战于鄢陵”，今人应加“晋伐郑，楚子救郑，战于鄢陵”。“而《传》不言《易》”，“传”前应加“左”字，《左传》也。

“重卦不始文王”条。卦有八，重之成六十四卦。有人谓文王始有八卦，此前即有。“《左传》襄公九年”，加“公”字表示，可有可无。亭林无定例，前一条即无“公”字。可以自由。“穆姜”，姓姜之女人，谥穆。自周至清，以其生平品性予以一二字为其名。应称“鲁穆姜”。“元亨利贞”为卦辞或彖辞。以穆姜之语证明重卦不始于文王。“遇《艮》之《随》”，《随》在上经，《艮》在下经。

“朱子《周易本义》”条。有时但云“朱子《本义》”。

“元亨利贞”为彖辞，“潜龙勿用”为爻辞。解释彖辞为《彖传》，解释爻辞为《象传》。彖辞即卦辞，象辞即爻辞。

同条，“程正叔《传》因之”，程正叔为程颐，小程子，著《程氏易传》。“近世晁氏始正其失”，“近世”指朱子之时，“晁氏”为晁说之，有《古周易》。“吕氏又更定”，黄汝成如用内进法，应说明晁氏为谁，吕氏为谁。吕为吕大防，著《周易古经》。“而朱子所定之古文仍复殽乱”，亭林时之朱子《本义》已乱，与今本不同，今本已恢复其旧。“彖即文王”至“后凡言传放此”，为朱子原文。“象者”至“所系之辞也”，亦朱子原文。“今”指明末。

我所作乃章句之学，愿成大学者，根基须打好。

“后来士子”指考试之人。“遂即监版《传》、《义》之本”，“监版”，国子监所颁，犹如今之教育部所颁者。

此段黄汝成按“今御纂《周易折中》已复朱子之旧矣”，

有用。“今”指道光时。

本条第二段，朱子《记嵩山晁氏卦爻彖象说》，见《朱文公集》卷六六。晁氏为晁说之，有《嵩山集》。“古经始变于费氏，而卒大乱于王弼”，费氏，汉费直；三国王弼，字辅嗣。“孔氏《正义》”，即孔颖达疏，孔氏曰“元在六爻经辞之后”，“元”即“原”，明以前皆作“元”。一个时候一个地方多数人以为对者即是，现在用“元”者反觉特别。孔氏此段在十三经注疏《坤》卦初爻小象。“故谓”以下乃解朱子之意。用考证法知始于郑康成而不始于王弼。引《魏志》，见卷四《高贵乡公纪》甘露元年四月条。高贵乡公，本学者而为皇帝，甚可惜。“愚尝以其说推之”，“愚”为亭林自谓。

本条第三段，“亦言其非古《易》”为《程传》。

我小时候作八股，曾云“《洪范》为兵家之书，箕子不去殷，则太公《阴符》恐难胜《九畴》之秘”，为念好听而已。大为人所赏识，不知乃胡言也。上股为“管子具匡时之略”尚可。有一次在新会考第一，其文亦为考官夸奖不已。文曰：“《连山》首《艮》，何取义也？天地开辟，昆仑出焉，为地之巅，圣人生焉，为人之祖。”大得其圈，秀才已骗到手矣。最近有友人向我索当初所作之八股，故思及之。从前人只读“四书五经”，为表现博览，故用太公《阴符》、《连山》首《艮》，用此以“骗”科名。犹今日你们之“骗”学士，但比我们强多了。

本条第四段，“胡氏《传》”指宋胡安国《春秋传》。“啖、赵诸家之说”指唐代大经师啖助、赵匡、陆淳，陆淳作《春秋集传纂例》，记其师啖、赵二人之说。康熙时用此法而不为人所重。

“卦爻外无别象”条。《易》讲易理、讲象数。亭林主张讲易理而不太讲象数。

古人藉当时凡俗，不管其是否有益或有害，是好或坏，而用之于正途。譬如定十二月二十五日以不正当之娱乐日作为正当之娱乐日。借迷信之事用于有用之途。自王弼、朱熹讲理而不讲数，《程子易传》皆讲人事。孔子云“五十以学《易》，可以无大过矣”，以为修身改过之用。

“颐中有物”见《噬嗑》彖传；“飞鸟之象”在《小过》中。“以同声相应为《震》、《巽》，同气相求为《艮》、《兑》”为虞翻之语；“水流湿”以下三句为荀爽之语。见唐李鼎祚《周易集解》卷一，辑佚本凡十七卷，唐以前人讲易书之重要者。亭林先生在句下应加注出处。或有诗曰“辅嗣易行无汉易”，正与亭林之意相反，亭林赞成王弼（辅嗣）。王弼之《周易略例》应注意。

随风气之人为俗儒，反对当时风气者为非俗儒。

本条第二段，文中子王通作《中说》，“九师兴而《易》道微，三传作而《春秋》散”，见卷二《天地篇》。念完《论语》应念此书，格调完全学《论语》。“九师”，阮逸注：“淮南王聘九人明《易》者撰《道训》二十篇，号‘九师易’。”

此两句学《汉书·艺文志》“仲尼没而微言绝，七十子丧而大义乖”。文章造句上谓之“蜂腰格”。

本卷“卦变”条。卦变犹之今日美杜威之失败，其用处可以警醒一人或安慰一人。逢好事而警醒，逢不好事而能得自慰。所谓塞翁失马，安知非福。《损》卦下为《兑》☱，上为《艮》☶。《程传》指《程子易传》，在王弼之后最通行之书。苏轼、王炎皆宋之讲《易》者。王炎《读易笔记》八卷，见《宋史·艺文志》，今佚。王炎《双溪集》二十七卷，《四库全书总目》别集类十三。

本卷“互体”条。第一段，“二至四、三至五，各成一卦，谓之互体”。“遇《观》之《否》”，《否》卦䷋。“杂物撰德”，为孔子释《易》之语，见《系辞下》。

本条第二段，“《晋书》荀颉”云云，见《晋书》三九《荀颉传》。“新安王炎晦叔尝问张南轩”云云，王炎字晦叔，有《双溪集》。“伊川”为小程程颐；“胡翼之”为胡瑗，有《周易口义》十二卷；“王介甫”为王安石，有《易解》十四卷；“张南轩”为张栻，有《南轩易说》三卷。

本条第三段，《大壮》以两爻为一爻，则整个卦体似《兑》。

“六爻言位”条。“列贵贱者存乎位”，为《系辞》之语。

“九二君德”条。见《乾》卦文言。“伊尹之言”云云，见《尚书·商书·咸有一德》。“武王之誓”云云，见《尚书·周书·泰誓中》。

“师出以律”条。《师》卦初六，只以好人为内阁总理不成，须有能力者。“长勺以诈而败齐”，见《左传》庄十年，鲁败齐。“泓以不禽二毛而败于楚”，为僖二十二年事，宋为楚所败。“二毛”，头白有二色。宋襄公即好人。亭林此段皆程氏讲法。黄注以桓、文而比汤、武为不伦，迂腐之甚也。

“既雨既处”条。《小畜》上九。“求如任、姒之贤”，太任，周文王母；太姒，周武王母。“二南之化”，二南，《周南》、《召南》，《诗》之首二段。以二史实解《易》。夫妻反目见九三，《隋书》、新旧《唐书》、《通鉴》皆载之。

“武人为于大君”条。见《履》卦六三。不是军人为大总统。“《书》‘予欲宣力四方，汝为’”，出《尚书·虞书·益稷》，“予”，舜也。“故有”至“莫敖大心是也”，亭林注“《战国策》”，《战国策》应写“《战国楚策》”，或只写“《楚策》”，或加“卷十四”。“莫敖”，楚官名。“大心”，人名。“过涉之凶”，为《大过》卦上六之言。以《易经》归入人事讲，与《易》无涉。

我作书不加引号，有一种毛病，即不知起止。书名在前而不知所止，此段则书名注于后而不知所起。

“自邑告命”条。见《泰》卦上六。全条等于“邑”之索引。分见《诗·商颂·殷武》、《尚书·商书·太甲上》、《孟子·滕文公下》引《尚书》、《尚书·周书·康诰》、《尚书·周书·多士》、《白虎通》卷三《京师篇》（原书作“殷曰商邑”）、《周礼·地官·小司徒》。《经籍籑诂》为古字之索引，焦循（理堂）作《易通释》亦如今日之索引，《说文通训定声》亦用此法。但用时皆须引用原文，不可用其所引者，不可靠。“桓王”至“遂中王肩”，见《左传》桓五年，周桓王伐郑。祝聃，郑臣。“唐昭宗”至“直犯阙下”，“邠、岐”指杨崇本、李茂贞，崇本又名李继徽。亭林此条所言，多是明代当时之环境。

现在作史要“竭泽而渔”，与亭林不同，亭林网鱼而已。

“《周官》始以四井为邑”，见《周礼·地官·小司徒》。

本条第二段，先自政府作好，然后天下皆能望风而治。

“成有渝无咎”条。见《豫》卦上六。“渝”，变也。“昔穆王”至“获殁于祗宫”，实出《左传》昭十二年，以下引“《传》曰”，可见亭林不将此作为引文。“穆王”为周穆王，亦即《穆天子传》之穆天子。上引行，下引言。“迷复之凶”，见《复》卦上六，到底不变。“惟狂克念作圣”，出《尚书·周书·多方》。虽然甚荒唐之人，规规矩矩亦可改好。现象虽然如此，盼望他有变动。

“童观”条。见《观》卦初六。“是训是行，以近天子之光”，见《尚书·周书·洪范》。“知类通达”，见《礼记·学记》，运用前人之文而非引用。“以几《大学》之道”对“以近天子之光”。“乐师”至“故后主人”，出《礼记·乐记》，“乐师”为职名。各人管各人之事，地位高者管地位高之事。“尸”者，以年轻之人替代祖先，故虽小，但须受礼。“小人则无咎”，令人安分之意。

“不远复”条。见《复》卦初九。物极必反之意。“《复》见其天地之心乎”，出《复》卦彖传。“有不善”至“未尝复行”，出《易·系辞下》。“不迁怒，不贰过”，出《论语·雍也》。

本条第二段，“苟其知之，则扩而充之矣”，参《孟子·公孙丑上》。

“不耕获不菑畬”条。出《无妄》卦六二。有始有终，开创、守成均要紧。“杨氏曰”云云，见杨万里《诚斋易传》七，何不直曰“《诚斋易传》曰”？不检原书，何由知诚斋之言之所止也？

万不得已之时才可用小注。

“毖殷顽民”至“世变风移”，见《尚书·周书·毕命》。下之“而康王作《毕命》之书曰”云云，亦引《毕命》。前之《毕命》之语，亭林以为己叙事之语。“周监于二代”云云及后之“但曰”、“又曰”，皆《论语》之言。

“天在山中”条。见《大畜》象辞。“张湛注《列子》”，见《列子》卷一《天瑞篇》“杞人忧天”条注。

以上上经。

“罔孚裕无咎”条。出自《晋》卦初六。“罔孚”，未信；“裕”，等待。未信则要等待，国事家事均如是。“孔子尝为委吏矣”云云，及“有官守者”云云，皆《孟子》之言。此条亭林自己之话极少，如金镶玉。

“有孚于小人”条。出《解》卦爻辞。“孚”，信用。立信也。

“损其疾使遄有喜”条。出自《损》卦六四。“遄”，快也。改过要快。

本条第二段，“召公之戒成王”见《尚书·周书·召诰》。“孳孳为善”见《孟子·尽心上》。

“上九弗损益之”条。出自《损》卦上九。弗损于上而益于下。“不违农时”至“不可胜用也”，见《孟子·梁惠王上》。“皇建”至“庶民”，出《尚书·周书·洪范》。五福：寿、富、康宁、攸好德、考终命。

“利用为依迁国”条。出自《益》卦六四。“依”，依附于上。自动撤退之意。晋迁新田，见《左传》成六年。楚迁于鄀，见《左传》定六年。可见亭林先生诂经之法。

“姤”条。出自《姤》卦。对社会之乱不可有悲观之心。亭林原注与正文须并读。“三君”、“八俊”等，见《后汉书》九七《党锢列传》序。但曰“胡三省曰”不可，见《通鉴》

一六六梁敬帝绍泰元年八月条注。道与佛皆起于东汉之时。"邪说之作，与世升降"，我如作文，不用"邪说"而用"异说"，用"邪说"显然以自己为正，不对。

"包无鱼"条。出自《姤》卦九四。"包"，犹包袱之包。"幽王之诗曰"至"为虐"止，见《诗·小雅·正月》。"河鱼大上"，见《史记》六《秦始皇本纪》。《五行志》为《汉书》之《五行志》，"五行志"之上应加"汉"字。见《汉书》卷二七中之下。《汉书·五行志》一卷分上、中、下，而中、下又分上、下，故凡五卷。

"以杞包瓜"条。出自《姤》卦九五。皇帝称"九五"，不称"上九"，余有不尽也。引"刘昭《五行志》"云云，见刘昭《补后汉书五行志》（补并注）卷二安帝元初三年条。黄汝成《集释》云，此为司马彪《续汉书》之《五行志》文，"刘昭"当是"续汉书"之误。范蔚宗《后汉书》无志，司马彪续《后汉书》之志，刘昭又为之补并注，谓"刘昭补五行志"或"刘昭五行志"皆可。《史》、《汉》"外戚"为皇后，汉以后皇帝之外家为外戚。亭林此条，暗指外戚为女人，宦官为小人。

"己日"条。出自《革》卦卦辞。"朱子发读为戊己之己"，朱子发，名震，北宋人，有《汉上易集传》十一卷。《仪礼·少牢馈食礼》"日用丁己"郑玄注，王弼读作"已经"之"已"，朱震读作"自己"之"己"。注文"纳甲之法”，以八卦配十干，《乾》纳甲壬，《坤》纳乙癸等，见沈括《梦溪笔谈》七《象数》一。

“艮”条。以经解经。无一定，不可捉摸，因时而施。

“艮其限”条。第一段，“滑性”见《刘子新论》卷一《防欲篇》，“焚和”见《庄子》卷九《外物篇》。“艮其限，列其夤”，见《艮》卦九三。“限”，腰；“夤”，背。谓掣肘腰背，不得屈伸。孟子告子之辩，我看无甚价值。王学大兴，亭林不以为然。以自己对可以，但以别人不对不可以。不能同出一途。

本条第二段，引《黄氏日钞》两段，注引自《省斋记》及《山阴县主簿厅记》，《日钞》九十五卷，应注明分见卷八六及八七。文字稍有异同。注“又见第二十三卷‘心学’条下”，“心学”条在元本二十卷，潘本十八卷，今元本亦作“见廿三卷”。反对讲禅学只思而不读书。

“鸿渐于陆”条。“安定胡氏改陆为逵”，胡瑗作《周易口义》十二卷。逵，九达道也。胡氏谓逵为“云路”，朱子从之。“《诗》仪字凡十见，皆音牛何反，不得与逵为叶”，“《诗》仪字”下应加“为韵”二字。为《诗经》“仪”字索引。清人韵学高于宋人，于此可见。“云路亦非可翔之地”，亦未想及有飞机也。“古之高士，不臣天子，不友诸侯，而未尝不践其土、食其毛也。”黎士衡（伪教育总署督办）云，不仕日本，则离北平。我在《通鉴胡注表微·夷夏篇》曾就此段发过议论："晋室之乱，早渡固为见几，晚渡亦未为后义，顾视其能否不变于夷耳。迟迟其行，去父母国之道也。且恢复之望，一日未绝，所食者吾之毛，所践者吾之土，亦何愧乎！"至某处不能走，越过了是走，退而另行亦是走，皆是动也。"朱子发曰"云云，见朱震《汉上易丛说》。"杨廷秀曰"云云，见杨万里《诚斋易传》卷四。《日知录》八卷本先引朱震说，后又加引杨万里说，故末句"其说并得之"，加"并"字。杨万里称廷秀，故朱震亦改称朱子发。此为校勘学也。

"君子以永终知敝"条。见《归妹》卦大象。久则知错，然已迟矣，故贵慎其始。《新台》等诗，见《诗·国风》之《邶》、《鄘》。"狄灭之祸"，在《左传》闵二年。《宛丘》等诗，在《诗·国风》之《陈》。徵舒杀陈灵公，见《左传》宣十年。"齐侯送姜氏于讙"，讙，地名。鲁桓公为齐人所杀，齐侯送姜氏，在《左传》桓三年，桓公被杀在桓十八年。"夫人姜氏入"，见《左传》庄二十四年。子般、闵公皆庄公子。子般弑，在庄公三十二年。以糖精加水而饮，此段犹糖精也，加水在学者。

"鸟焚其巢"条。见《旅》上九。要容忍，不轻易用兵。"楚庄王之围郑也"云云，见《左传》宣十二年。知打不过而不打了。"满招损，谦受益"，见《尚书·虞书·大禹谟》。

"翰音登于天"条。出《中孚》卦上九。明末人不读书，但讲禅家。亭林不信宗教。"车服传于弟子，弦歌遍于鲁中"，以比孔子。“永嘉之亡”，晋怀帝，讲清谈；“太清之乱”，梁武帝，讲佛。国亡其因甚多，非如是之单简也。

“妣”条。第二段，注引《周礼·大司乐》注“姜嫄无所配，是以特立庙祭之”，此为郑康成注。姜嫄为童贞女，故独享。“《斯干》之诗”，见《小雅》。“似续妣祖，筑室百堵”，妣之在上，是自然的，而非为叶韵。

“东邻”条。第一段，“驭失其道，则强而擅命者谓之邻”，“邻”指清也。

“游魂为变”条。第一段，引“张子《正蒙》”云云，张载（横渠），濂洛关闽即周程张朱。所引《正蒙》至“存神其至矣”止，见《正蒙》第一篇《太和》。末句“其精矣乎”为亭林语，不查原书不易知也。

第三段，“陈无已（师道）”云云，注“《理究》”。《理究》陈师道著，在《适园丛书》本《后山先生集》卷二七。

第四段，引邵宝《简端录》，“味于散者”，味，《日知录》元本作“昧”，《四库》本《简端录》亦误作“味”。白话文如无意思不能成文，文言文则可以。

我们在炮声中读书最有意味。直奉战时我住顺治门脸，每日坐车至安定门方家胡同看《四库全书》，以城开关为消息。民十六七年北伐时，在大高殿看档案。

“孔子论《易》”条。第一段，以后为总说。

第二段，“天一地二、《易》有太极二章”，见《系辞上》第九、第十一章。希夷即陈抟，康节即邵雍。

“七八九六”条。第一段，注引“《晋语》公子筮”云云，又引“沙随程氏曰”云云，公子，晋文公；沙随程氏，程迥，有《周易古占法》一卷，《四库》易类三著录。引“欧阳永叔曰”云云，见欧阳修《居士集》卷十八《经旨·明用篇》。不应引人名，应引书名。一人有许多书，如引书名，则可缩小范围。

本条第二段，全引赵汝楳《易辑闻》。赵汝楳《周易辑闻》六卷，《四库》易类三著录。汝楳言《易》之书尚有《易雅》一卷、《筮宗》三篇。此所引见《筮宗》第三篇，非《周易辑闻》，亭林误。

“卜筮”条。第一段，引“舜曰”云云，见《尚书·大禹谟》。引“《诗》曰”云云，见《大雅·绵》。曰“《大禹谟》曰”可以，不可曰“舜曰”。“人谋鬼谋”，见《易·系辞下》第十二章。

第二段，引“欲从灵氛”云云，见屈原《离骚》第一。又引“用君之心”云云，见屈原《卜居》第六。我愿你们粗看多看取其博。先看大概，然后细看。

第五段，石骀仲无嫡子，见《礼记·檀弓下》。《史通·烦省篇》批评此段，最为有知也。

第八段，“郭璞尝过颜含”云云，不在《郭璞传》而在

《晋书》八八《孝友·颜含传》。一般材料，可以放在《郭璞传》，亦可放在《颜含传》，看偏重何处，或看其分量，材料之分配甚有关系。此段因颜含之材料太少，故放在《颜含传》。

第九段，引《文中子》，见卷八《魏相篇》。荀、扬、老、庄、文中子为"五子"，见《三字经》。

卷二十"非三公不得称公"条。考证法对，思想误。题目应加时代。（我讲课，）平时笔记，临时编纂而来，否则须二三十日始成。

本条第一段，引《公羊传》，应多加三字，"《公羊传》隐五年"。又引"杜氏《通典》"，"杜氏"二字可省，因无第二部《通典》。此段见《通典》三六《职官》"秩品"条。"二王"指夏、殷。"东迁而后，列国诸侯皆僭称公"，为何题目不加时代？实因明末宦官多自称公，亭林恨之也。注引《西都赋》李善注，见《文选》卷一。李善注《文选》最著名，第一次引用时可以写"《文选·西都赋》李善注"。注又引《续汉·百官志》，原本、抄本皆作"后汉百官志"，黄本改之。明以前人皆称"后汉"，黄本不必改"续"字，彼时尚不注意此事。如《五代史》之不用"新"字，至乾隆时始辑出《旧五代史》，故后人加"新"、"旧"二字以别之。自《后汉书》起，此段提到之邓禹等，直至桓温、刘裕，你们用一天时间找出其传记。"非其在三公之位，则无有书公者"，此断语甚危险。考证须精密。亭林云称公“何其滥与！何其伪与！”断语不当。古今自不同，无所谓滥伪。亭林盖因当时太监称公而发此论。此条凡二千言。注引郑端简《名臣记》，郑晓。黄注钱竹汀驳顾氏文甚客气，钱氏最稳当。

本条第二段，引“《白虎通》曰”云云，见卷一“号”条。“臣子于其国中，皆褒其君为公”，“臣子”上原有“伯子男”三字，此三字不可省。又引“《诗》曰”云云，应按本段开首之“《大雅》‘古公亶父’”作“《鲁颂·閟宫》”。

本条第三段，引《秦誓》，《尚书》篇名。又引“公之媚子”云云，见《诗·秦风·驷驖》。亭林“九经”皆琅琅上口，故随手引来。文章构造甚严密。《书》、《诗》皆然。

本条第四段，“平王以后”即东迁以后，为作文章，修辞上有此必要。

本条第五段，“《康王之诰》”见《尚书》，“《诗》之《云汉》”见《大雅》。可见亭林零碎笔记，一条条嵌也。

本条第六段，“王卿”为中央政府官吏。原注“《汉书》‘沛公’注”云云，应为《汉高纪》注。作书为给人看，不是自己欣赏，须严密明了。家信中不可写“故”字，过去的谓之故，可以不用即不用。某生有写故校长陈某某，似有咒诅之意。

本条第八段，“太史公者，司马迁称其父谈，故尊而公之也”，“太史公”三字相连，“公”字非后加者，钱竹汀驳之对。

本条第九段，引《吴志》、《方言》、《晋书》，先后参差不齐，故知后嵌入者。

本条第十段，引《魏志·王粲传》，“此王公孙也”，王公指王粲祖父畅。索隐式文章何以令人觉得不琐碎？既有，不舍得不用，我则用表。原文琐碎，念之不成文，如《史讳举例》、《南宋初河北新道教考》皆有表。不过是经验而已，现在皆不足道之。引《周书·姚僧垣传》，僧垣为姚察之父，在北朝，姚察则在南朝。

本条第十一段，引“《宋书·颜延之传》”云云，误。此谈吐之语定是《南史》中语，见《南史》三四本传，《宋书》七三无。乃《世说新语》派之史实。如二书皆有，则用《宋书》。可用此段材料，条条查出，写于卡片，重新作一遍。

本条第十四段，引沙门之称公者，本条题为“非三公不得称公”，此是自破其例。所引诸僧，应按次第。道生、道猷皆宋僧，慧隆为南齐僧，与宝志应置于末。排列应按次第，如称“清人朱彝尊、顾亭林”则不可，应先称亭林。如康、梁不可称“梁、康”。道安不可夹于佛图澄与鸠摩罗什之间，宝志为梁人，澄、什为东晋人，亦倒置，应为远、安、生、猷、隆。因亭林多将后得材料插入。我作过《释氏疑年录》，故深知之。澄、什为外国人，置在最后尚可，道安则应置于惠远之下。

本条第十五段，引“《宋史》丰稷驳宋用臣《谥议》”，宋用臣为太监。此段出处应在《宋史》丰、宋二传或《礼仪志》找之。此事《宋史》三二一《丰稷传》不载，见四六七《宦者传》。注引孙升《谈圃》，孙升，北宋人。现只称《孙公谈圃》或《谈圃》，语见卷下。原文为“有朝士在中书称李宪字”，此称其字，非称为公。李宪，传在《宋史》四六八《宦者传》中。

本条材料丰富，意思全错。亭林复古思想太过。

“古人不以甲子名岁”条。第一段，到后来以甲子名岁有何不对？便当得多。汉至今二千多年有何不可？考证对，批评不对。《尔雅》是单简的辞典，经中不易懂之字句，找出注之，总解释。后人又注《尔雅》，疏亦注也。郭璞注《尔雅》，邢昺作疏。此条所引《尔雅疏》，见卷六《释天》。亭林读书多，动笔勤，读书时则笔记之，但用时未曾翻原书。故笔记上应注明版本、页数，不至于有错。引《吕氏春秋》，“岁在涒滩”，申年。引贾谊《鹏赋》，见《文选》十三，“单阏之岁”，卯年。引许慎《说文后叙》，“困顿之年”，子年；“孟陬之月”，正月。和帝永元十二年庚子，西历100年。凡庚年西历必是0，譬如我1880年生，是庚辰年。又引《汉书·郊祀歌》，应写明在《汉书》二二《礼乐志》。

本条第二段，亭林言岁之称甲子自王莽始。说一事之始最难，如在王莽以前找出，则打倒此说。说无亦难，是未找到还是真没有？黄汝成引赵氏言驳之，亭林语实不妥当。

本条第三段，引《晋书》七六《王廙传》、八七《凉武昭王传》，言“《晋书》中以甲子名岁者，仅此两见”，太危险。有工夫将《晋书》中甲子纪岁者皆找出之。赵瓯北聪明而疏，即不可信。我用“竭泽而渔”之法作论文。南方放鱼种于池塘中，长成后，将水放光，逐条取鱼，一条不漏。此法需在太平盛世，时代不同。

本条第四段，一开始曰“自三国鼎立”云云，先挂牌子，后引书文以证之。先有凭据，或先有此议，后找证据，皆可。作考证文，有材料后，如何排列，极重要。此段甚清楚。朝代不同，要加朝代；同一朝代，以下各条不须加。

本条第五段，“晋惠帝”云云，是后嵌入的。

本条第六段，“唐人有以豫书而不称年号者”，光绪《万年书》有至二百年者，即“豫书”。引《博古图》载唐鉴铭，宋人避“敬”讳，“镜”改作“鉴”。亭林言武德时屡改年号，不妥，至武后始屡改年号。

本条第七段，普通皆只记月日而忽年，钟鼎文疏略之，故考证家有文可作也。我写信但写日，无千秋之想也。宋人无“古人不以甲子名岁”之发明。应预备一年表，如“十月革命”、“九一八”等在何年。多能记月日而忘其年也。

本条第八段，理科有实验，我们应实实在在去找原书。如“会于沙随之岁”，应找此事发生之年及说此语之年，分别为成公十六年及襄公九年。又如“铸刑书之岁”，分别为昭公六年及七年。

亭林不满现实而思古，实则应往前进，不可回却也。今日有国际观念，甚有助。

“史家月日不必顺序”条。第一段，《通鉴》以年月为主，袁枢《通鉴纪事本末》以事为主。其年月则皆其本事之年月，即亭林所谓“常患为日月所拘，而事不得以相连属”。

本条第二段，《通鉴》二四五太和九年十一月，因讲甘露之变太详，极长，年提行，月不提行，极不便。可在书头注明。《通鉴》先书戊辰（二十七）先于壬戌（二十一）、癸亥（二十二），亭林下过功夫，故看出此点。

我从来极少看白话文章，亦不反对，因不能作，没下功夫。近数月来，看得有作得甚好的白话文，即史诺的《西行漫记》。他在延安十日，即记《毛泽东自传》者。《西行漫记》作得极好，引人入胜，布局好，文章好。

“重书日”条。《春秋》桓公十二年重书两“丙戌”，偶然错误亦未可知。

“古人必以日月系年”条。第一段，亭林云《史记》有不月而日及不年而月，乃“史家之变例”。文章哪能如是紧密，太史公随便遗之耳。

本条第二段，引《天官书》，应在前加“史记”二字。亭林有加有不加，应一律。多数人记得生日，岁则多忘。汪中（容甫）记其母之生日即误，其《先母灵表》云“乾隆五十二年七月辛丑朔卒”，该月为丙寅朔，无辛丑，故知其误。文徵明以庚寅岁生，文徵明书法，我定第二，董其昌第一。原注云屈原“至楚怀王被执于秦，年仅三十有三，何以云老”，此为考证余波，又不稳当，三十三岁岂不可以称老？魏曹丕《与吴质书》时亦不过三十多岁。陈寅恪亦庚寅生，比我小十岁，我送他图章一方，即“维庚寅吾以降”。

“古无一日分为十二时”条。第一段，注引“李虚中”云云，李虚中，唐人，与韩愈同时，韩为作墓志。著有《命书》，《四库》术数二著录。有广东名相士给我算命，云我六十岁死。至今七十未死，然支配我六十年也。

本条第二段，“士文伯对晋侯”云云，《左传》昭七年。“自汉以下，以一日分为十二时”，亭林此条名“古无一日分为十二时”，汉犹不算古？

作文章要多提行，多有小题目，使人易看易懂。

本条第三段，引《汉书·五行志》，《汉书·五行志》在《汉书》卷二七，一卷分上、中、下，中、下又分上、下，一卷分五卷。又引《周礼·司寤氏》注，此为郑玄注。“若今甲乙至戊”，“今”指后汉。又引《三国志·曹爽传》，实为《曹爽传》注引《魏略》，亭林漏“注”字。“甲夜”，殿本作“中夜”。又引“《五行志》”云云，“五行志”上应加“汉书”，见二七下之下。此句上为引《晋书》，亭林忽略，此为后嵌入之材料。少壮真当努力，老即颓唐。此处太乱，亭林精神已照顾不到。又引《素问》，医书，《四库》著录。经、史、子而外，汉以前之医书、算书皆应读，博览，不当作医书念，当作古书念。又引《历书》，见《史记》二六。我主张作文省字，但此处“史记”二字不可省。譬如北平辅仁大学，“北平”不可省。亭林引此，恐后人驳之。证据没有充足以前，不可轻下断语，如人找到相反证据，则断语被人打倒。从前我们作文，找到证据以后，经过相当时间才敢写文章。例如造屋打桩，过三年四年后才盖房。太快，基础未固即盖，则房屋易坏。老辈作书须经过一段时间才发表，现在作后即发表，自己再找到相反证据后则再作文，自我推翻之。注引《南齐书·天文志》，云始有子时、丑时、亥时；又引《北齐书·南阳王绰传》，云有景时，景时即丙时。前者原书有申时无亥时，后者原书有辰时无景时。十二时中根本不可能有甲乙丙丁等天干，常识亦可定其误。如亭林不误，则所据之本误。

本条第三段，引《左传》“卜楚丘曰”云云及杜注，卜楚丘，如《孟子》之“弈秋”、北京之“样子雷”是也。“然其曰夜半者，即今之所谓子也”，“其”指杜元凯，“今”指亭林先生时。又引《素问·藏气法时论》，此等书可用一日翻过一次，然后用时容易找，如地图一样。又引《后汉书·齐武王传》“至食时赐陈溃”，“赐”为梁丘赐，人名；“陈”即阵。各书用十二时者不止亭林所引者，碰到即用也。

本条第四段，引《淮南子》，见《淮南子》卷三《天文训》。“训”是《淮南子》篇名，“解”则是《逸周书》篇名，此是常识，须涉猎古书。《淮南子》异字甚多，此段之“朝明”或作“旦明”，“宴食”当作“晏食”。

“年月朔日子”条。第一段，引《文选》陈琳《檄吴将校部曲文》李周翰注，李为《文选注》五臣之一。现在发电报，用十二时代月，四月为“卯”。此段三碑均引自洪适《隶释》，应为宋拓本。史晨《孔子庙碑》见《隶释》卷一。“七日己酉”，不言“初七”。用《二十史朔闰表》校《通鉴》之日子，一定有误。

本条第三段，引《南史》刘之遴等参校古本《汉书》，称“郎班固”，少引一“上”字，见《南史》五十。又引《隋书》袁充上表，见《隋书》六九。《隋书》可用《北史》校之，此段又见《北史》七四，与此文同。

本条第五段，引广汉太守沈子琚《绵竹江堰碑》，见《隶释》十五。后汉人皆单名，无双名，沈子琚之名，碑已剥，故只得用其字。又引《绥民校尉熊君碑》，“建安廿一年十□月丙寅朔”，应为“十二月”，可用《二十史朔闰表》查出。

“年号当从实书”条。第一段，“自编年之书出，而疑于年号之无所从，而其论乃纷纭矣”，下“而”字可去。此段自“晋之《乘》存，则必以”云云，此前为凭据，此后则是推想。

本条第三段，引《淮南子·天文训》，见卷三。“注者不达”，指高诱。注引赵明诚《金石录》之楚钟铭，《金石录·古器物》第五、第十二均有楚钟，此见第十二，应指明。

本条第四段，引吕大临《考古图》，宋代金石学为前代所无。抄书应按原书行款，否则须注明。潘本在本段末下空一格，黄本则本段尾与次段首之“元史顺帝纪”相连。《文选》之下忽有《元史》，令人感突然。如另行则可避免此弊。

“史书一年两号”条。第一段，结论在前，后引证据。引《晋书·武帝纪》，“咸熙三年”云云，咸熙无三年，原书作“二年”。引韩文公《顺宗实录》，此为现存最古之实录。

“年号古今相同”条。引《水经注》“瀔水”下“千金堨”，见卷十六。引《水经注》一定要引水名。

“割并年号”条。第一段，亭林所言应注意之处对，断语不对。以前没有，以后渐渐进步有了，亭林以为不对。我们写的东西，在解放后看之有错误，就是断语错，立场不同也。亭林云“至宋始有熙丰、政宣、建绍、乾淳之语，已是不敬”，是轻下断语。又说本朝文人有称永宣（永乐、宣德）、成弘（成化、弘治）、嘉隆（嘉靖、隆庆）、启祯（天启、崇祯）“更为不通”。八股文中就有“天崇派”，当时所作之风也。我们现在说光宣（光绪、宣统）之间，同光（同治、光绪）之际，道咸（道光、咸丰）之间，很自然。如此段中去“已是不敬”、“更为不通”之语，则甚好矣，给人许多方法。

本条第二段，“地名割用一字，如登莱则可，真顺（真定、顺德）、广大（广平、大名）则不通矣”，完全是主观见解。

本条第三段，人名割用一字者，引《史记》八四《贾生传》“以绛侯、灌婴为绛灌”。绛侯周勃，因姓周者多，姓灌者少，故称“绛灌”，《史记》有解释。

“孙氏《西斋录》”条。第一段，孙樵，有《孙可之集》十卷，《四库》别集四著录，所引见卷五。亭林云“唐人作书，无所回避”，应说“唐人作书，有无所回避者”。唐人回避太多了。《史通》有《忤时篇》，亭林语太不通了。

“《通鉴》书改元”条。第一段，引《晋书》载记，正史中只《晋书》有载记。“不容十六国之中数十王”，原抄本及初刻本“王”均作“主”，潘本误作“王”。

本条第二段，引《金石录·赵横山李君神碑》，见卷二十。此“赵”为国号。赵建武六年岁在庚子，为西纪430年，晋咸康六年。凡西纪尾为0皆庚年。有一人民政府教科书编纂处人云，人民政府“五四”以后之历史与国民党之历史完全不同。抗战八年共产党之功，国民党一概抹杀，实不应该。如晋与北方十六国，记中国各不相同。

本条第三段，引黄溍《番禺客语》帝昺改元祥兴“在明年正月己酉朔”，“番”读作“潘”。日本大正元年相当民国元年，大正十五年十二月圣诞节前死，当年即改元昭和，故昭和二年相当民国十六年。中国则皇帝即位之初，改明年元。《纪元编》之“元”，有元年（第一年）及年号之意。

“后元年”条，第一段，汉文帝、景帝之“后元年”。《前汉书》之“前”，为后人所加；《后汉书》之“后”，则为作者所自加。新旧《唐书》、《五代史》之“新”、“旧”，皆后人所加。

本条第二段，唐有二“上元”，元有二“至元”。

“李茂贞用天祐年号”条。第一段，亭林用所得薛昌序所撰《凤翔法门寺碑》（见《金石文字记》五）证天祐十九年李茂贞已自称秦王，较《通鉴》二七三所证之后唐庄宗同光二年封李茂贞为秦王，尚早二年。用金石考史为一时髦法。金石文为原版、最老版本，而我们所看为传写之物。

本条第二段，引《五代史·李彦威传》，见《新五代史》四三。亭林称“五代史”必为《新五代史》，因当时《旧五代史》尚未辑出也。我们现在则应书“欧史”或“五代史记”或“新五代史”。亭林在此段中，从《新五代史·李彦威传》与《前蜀世家》看出矛盾，为本证，又用金石证史。去年逮捕称“匪谍学生”，我很生气，我说最多有嫌疑，岂能称“匪谍”。如此不公道，故要失败。

“《通鉴》书葬”条。《晋纪》义熙六年言“葬魏主珪”，《宋纪》景平元年及元嘉二十九年则言“魏葬明元帝”、“魏葬太武皇帝”，亭林言当书“魏葬”。此为《通鉴》温公之误。亭林读书能发现问题。

“《通鉴》书闰月”条。《通鉴》每年提行，每月则不提行。如闰月中事少，一找即知上月。应在《通鉴》书眉上标明，以便查看。

“史书人君未即位”条。第一段，“《左传》晋文公未入国称‘公子’，已入国称‘公’”，僖公二十四年文公入国。有人作《张文襄传略》，通篇皆称“文襄”，七岁时亦名“文襄”乎？

“史书郡县同名”条。很自然的，春秋之前或已有之。襄公二十八年有北燕，僖公七年有小邾。亭林言“必加一‘小’字”，“必”字不稳当。黄注引钱氏曰。“后人作史多混书之而无别矣”，“多”字要紧，作“或”更好。黄注并列同名之府州县，字太多，如此类文章应列表，可省字。

俞樾《古书疑义举例》，当时名气很大。我十几岁时，从其中抽出作成《文法举例》。

“郡国改名”条。引“《儒林传》”云云，应云“《汉书·儒林传》”，《史记·儒林传》无此言。

“史书人同姓名”条。第一段，“《史记》汉高帝时，有两韩信，则别之曰‘韩王信’”。稻香村加“桂记”。

“述古”条。“凡述古人之言，必当引其立言之人”，寻常用古人之言，可以不必书出处。考证文时必书。

“引古必用原文”条。“凡引前人之言，必用原文”，主张不对，事实亦不对，何必加“必”字。下一条之题目即为“引书用意”。亭林引《水经注》所引盛弘之《荆州记》，卷三四“江水”条。《水经注》乃北魏郦道元作，盛弘之乃刘宋人，《荆州记》中所云“今上”乃刘宋文帝刘义隆。广东谚：“九牛浮水面，萧养便回头。”萧养，革命党人。

“引书用意”条。引《尚书·泰誓》“受有亿兆夷人”，“受”即纣。

“文章推服古人”条。第一段，老辈客气，警戒子弟循谨，不可浮薄。韩愈《滕王阁记》，载《韩文公集》十三，原题《新修滕王阁记》。“窃喜载名其上，词列三王之次”，“三王”，王勃作序，王绪作赋，中丞王公作《修阁记》。以王勃为古人，则了不得。其实王勃十五岁，中学生也。故应向青年学习。曹植《文选》后几文，皆二十余岁作，大学才毕业也。杜工部“不薄今人爱古人”最好。

本条第二段，“宋洪迈从孙倬丞宣城，自作《题名记》，迈告之曰：此记岂可犯不韪哉？以韩愈有《蓝田县丞厅壁记》”，地非蓝田，时非唐代，只“县丞厅壁记”数字相同遂不敢作，思想太旧了，不正确。古人有古人的好处，今人有今人的好处。

“史书下两曰字”条。“注疏家”云云，唐人加注于佛经谓之疏。作文章应换字，不可使一字常用。儒家观念最错即“学而优则仕”，埋头读书不问政治，是对侵略者或对政治不满。日本占领时，我填二十年来不问政治，即不同他们合作，不好说不同他们合作，故云不问政治。现在不一定要作官，但一切政治要懂得，初步知识要有。以作官为政治是大错误。我有一首小诗，题一老友之《锄耕图》："仲尼立论轻农圃，儒者由来爱作官。可是丈人勤四体，未教二子废铅丹。""两世论交话有因，湘潭烟树记前闻。寒宗也是农家子，书屋而今号励耘。"请题诗者是湘潭人，我父亲也是耕田，又在湘潭办茶，号励耘。我的书屋名"励耘"者，勤勤拔草也。至今三十年矣。

"书家凡例"条。我著书，例皆在书中，非细心看完不知。全书用的少置于中，常用之例置于书前。政治如同总论，各校开学之初应先念之。毛主席与海军电报，最要紧要学习建军思想，好好练习海军的技术。整日讲革命理论，如同只念第一卷；如整日用功，头脑太旧，则如只念后卷而不念第一卷。革命理论、政治立场皆懂而无好学问不成，反之亦然。现在念书有意思，以前不满意，现在学校是自己的，如是作人才有意义。

"分题"条。第一段，作一篇大文章，如无小题目，以此为能，如长江大河，他人看之节目不清。小题目有两种，一置于前，一置于后。古人有置于后者，有时会弄错。大题目与小题目用高低分。书名，第一行顶格书；大题，低一或二格；小题，低三格或四格；再小题目，置于每段之后，亦低一点，如《明季滇黔佛教考》，加"右"字。新书只加一二三四，如分段然，或需加说明之意。《尔雅》，"释天"为大题目，下有“四时”、“祥”、“灾”等十二分题。“四时”等，为省纸，可在段下空一格；不省纸，则另提一行，清楚，但易于误作下一段之题目。《吕氏春秋》之《孟春纪》，下列“正月纪”、“本生”等，所谓“题上事”，即上一段之题目。

卷二十三。氏族学我作过好几年功夫，许多稿子皆已废了。姓之源流皆靠不住。应讲中华民族，不应细分。唐代很注重氏族。回族极应团结，与宗教有关。应承认现实。宋人为抵抗契丹、女真，讲姓极确，非我族类，其姓非一也。我在《通鉴胡注表微》中说：“昔之言氏族也，利言其分，所以严夷夏之防；今之言氏族也，利言其合，然后见中华之大。”分之则无益于国家，无益于民族。同姓不婚，合于科学，即近支不婚之意。但至现在则可以，因同姓已极远。袁同礼之夫人即姓袁，但一南一北，无所谓。

本卷“姓”条。姓初比氏大，中间氏比姓大，后来不分。房屋，北平房大，广东屋大。“妫，虞姓，出颛顼，封于陈”云云，先说前四姓，后说朝代，后说封国。

“氏族”条。第一段，全引《礼记·大传》正义，《礼记·大传》第十六，“正义”，孔颖达正义。注云“详见第一卷‘卿不书族’条”，此条初刻在第二卷，抄本、潘本在第四卷。

本条第三段，引《水经注》至“而称君也”止，见二一

“汝水”条。《汲冢古文》、《纪年》亦《水经注》所引。我前几年著书，不用注，如用此条，则用大字“语见‘汝水’条”，因五号字不能再小了。以前说过的话要记得，如果非要再讲不可，则简述之，云“详见前某处”。如后详前略，则亦可在前云“详见后某处”。寻常看《水经注》，多作笔记。今称“卡片”，古称“别纸”，用时找出。我们本家陈澧，近百年来汉学家，甚喜用别纸。又用一法，当时书甚便宜，用刀将书裁下。亭林常用别纸。

“氏族相传之讹”条。第一段，清武威张澍专研究氏族。此段亭林引“《唐书》表李氏”云云，指《新唐书》七十上《宗室世系表》。欧阳修本之家谱，家谱最不可靠。近代者可靠，远代皆不可靠。又引《唐书》“表王氏”，见《新唐书》七二中《宰相世系表》，所云“周灵王太子晋以直谏废为庶人”，传记无此事。欧阳修不读书，文章做得好，考证不成。又引韩愈《王仲舒神道碑》，见《韩昌黎集》三一，“王氏皆王者之后”云云，本之其人家谱。不要替人考祖宗。

本条第二段，“窦氏”下应空一格，为标题。引韩愈《窦牟墓志》，“志”下应加“铭”字。寻常引墓志铭，“志”讲事实，“铭”有韵，“铭”讲词章。

本条第四段，程氏。司马光与二程认本家由此。

本条第五段，沈氏。引《宋书》沈约《自序》至“以沈子嘉归”止，见《宋书》一〇〇，引《左传》昭元年。“今汝南”云云之“今”，指梁。沈约在齐时作《宋书》，死于梁。《新唐书·宰相世系表》错误极多，沈炳震作《新旧唐书合钞》，附《唐书世系表纠缪》，即因姓沈的错误太甚了。《合钞》意思好，技术不好，有时偶然用得着，令人多读一种书。沈为雍正时鸿博。以后即无此学问。乾隆时即精了，全祖望意思好而考证不精，疏漏多。

本条第六段，白氏。白居易自序《家状》见《白氏长庆集》二九，称白氏“出于楚太子建之子白公胜”，“裔孙白起，有大功于秦”。我考知白居易为外国人。《元和姓纂》可以见唐时家谱，唐人之传说，欧阳修《新唐书》两世系表多本之。

陈垣在教学过程中写的三篇范文

《日知录》引唐割属东川六州制考

引书当标原题，不标原题，或另造一题，其史源每不易寻找。如《日知录》卷八“属县”条，引唐宪宗元和元年割属东川六州制是也。制云：“分疆设都，盖资共理，形束壤制，亦在稍均。将惩难以销萌，在立防而不紊。故贾生之议，以楚益梁；宋氏之规，割荆为郢。酌于前事，宜有变通。”

此制不见两《唐书·宪宗纪》，亦不见两《唐书·地理志》。《唐会要》、《通鉴》载其事，亦不载其词。《通鉴》二三七《宪宗纪》云：“元和元年十月，制割资、简、陵、荣、昌、泸六州隶东川。”《唐会要》七一《州县改置门》梓州条云：“元和元年十月，以平刘辟，乃割西川所管资、简、陵、荣、昌、泸等六州隶东川。至四年正月，以东川所部跨制太远，武元衡论奏，复隶西川。”

《会要》所载，较《通鉴》为详，然皆非原制。此制盖《平刘辟诏》中之一段，见《唐大诏令》一二四《平乱门》。《全唐文》五九宪宗文曾采之，非特有一割属东川六州制也。故《诏令》九九《建易州县门》不载。《日知录》引此文，不冠以《平刘辟诏》，而单称"割属东川六州制"，实不可为法。吾尝以寻找此制史源测验同学，有经练者需时三二日，无经练者竟求之不得也。至其中字句，与今《适园丛书》本《大诏令》偶有不同，则所据本异耳。

顾炎武《属县》："自古郡县之制，惟唐为得其中。今考《地理志》属县之数，京兆、河南二府各二十，河中、太原二府各十三，魏州十四，广州十三，镇州、桂州各十一，其他虽大，无过十县者。此其大小相维，多寡相等，均安之效不可见于前事乎？后代之王，犹可取而镜也。但其中一二县之郡亦有可并。宪宗元和元年割属东川六州制曰：'分疆设都，盖资共理，形束壤制，亦在稍均。将惩难以销萌，在立防而不紊。故贾生之议，以楚益梁；宋氏之规，割荆为郢。酌于前事，宜有变通。'此虽一时之言，亦经邦制郡之长策也。"（《日知录》卷八）

（载于1947年10月13日天津《益世报·人文周刊》新第23期。据原稿校核）

《日知录》“停年格”条注引辛琡考

《日知录》通行本有多种，然可大别为二类：一潘耒遂初堂本，二黄汝成《集释》本。黄本即由潘本出，故潘本误者，黄本多误。若黄本自误，则覆刻黄本者更无不误也。

《日知录》八“停年格”条，注引吏部尚书辛琡言，不著朝代，遍检诸史无辛琡。惟反对停年格者有薛琡，“辛”盖“薛”之讹。薛琡见《北齐书》廿六、《北史》廿五，《日知录》所引乃《北齐书》也。“薛”何以误“辛”？字阙左上旁，又涉下文《魏书》辛雄而误耳。潘本先误，黄本未能校正，故仅据《史姓韵编》等工具书寻求辛琡，必无所获，非考其事之内容不可也。事之内容为选举，故可于选举类求之。然《通典》十六《选举典》引《北史》，乃作薛淑，淑字昙珍，文应从“玉”，参诸《魏书》四四《薛野賭传》亦然，今从“水”误也。

何以知《日知录》所引者为《北齐》，《通典》所引为《北史》？则以《北齐》此传较略，《北史》此传较详。《北齐》谓琡迁吏部尚书，请废崔亮停年格；《北史》谓琡迁吏部郎中，请废前吏部尚书崔亮停年格。《北史》所载，为得其实。琡盖先行洛阳令，免官复用，累迁吏部郎中，今本《北齐书》盖脱去郎中一节，遂误琡为吏部尚书，可以《北史》

校之也。《通鉴》一四九载此事，称琡为洛阳令，亦误。因崔亮奏立停年格，在魏孝明帝神龟中，薛琡请废停年格，在孝昌改元后，相距凡七八年。《通鉴》统叙其事于神龟二年，时琡固未为吏部郎中，亦未为洛阳令也。郑氏《通志》五九《选举略》、《文献通考》三十六《选举考》，称淑为吏部郎中，是矣。然误“琡”为“淑”，与《通典》同，知其引自《通典》，非直接引自《北史》。是故一薛琡也，《日知录》误其姓，《通典》、《通志》、《通考》误其名，《北齐书》、《通鉴》、《日知录》误其官，惟《北史》不误，《通志》一五三列传引《北史》，亦不误。

顾炎武《停年格》：“今之言停年格者，皆言起于后魏崔亮。……后甄琛、元修义、城阳王徽相继为吏部尚书，利其便己，踵而行之。自是贤愚同贯，泾渭无别，魏之失才，自亮始也。（原注：辛琡为吏部尚书，上言：‘黎元之命，系于长吏。若使惟取年劳，不简贤否，义均行雁，次若贯鱼，执簿呼名，一吏足矣。数人而用，何谓铨衡？’书奏，不报。）”（《日知录》卷八）

（载于《辅仁学志》第15卷第1、2合期，1947年12月）

《日知录》“部刺史”条唐置采访使原委

《日知录》卷九“部刺史”条，引开元廿二年二月置十道采访处置使诏。此诏同时有二道，均见《张曲江集》七：一为敕置十道使，一为敕授十道使。先置官，后授职也。《唐大诏令集》卷一百《官制门》，卷百十五《慰抚门》分载之。今《日知录》所引者为第二道，盖采自《册府元龟》一六二《命使门》也。《册府》误作开元廿三年，潘本《日知录》因之，黄本已加改正。唐采访处置使本由巡察使、按察使沿变而来，据《通典》卅二，神龙二年二月置十道巡察使，景云二年改置按察使，开元廿二年改置采访处置使，《唐会要》、《旧唐书》、《通鉴》略同。

《日知录》注谓“唐开元中，或请选择守令，停采访使。姚崇奏，十道采访，犹未尽得人”云云，语本《通鉴》二一一开元三年十二月条。然《通鉴》原文作按察使，不作采访使。采访使始置于开元廿二年，姚崇已先于开元九年卒，安得有采访未尽得人之奏？《日知录》注盖据《旧唐》纪而误也。《旧》纪八开元四年十二月条，载停十道采访使，“采访”二字偶误，二年复置时名按察使，不应于罢使时名采访使也。《新书》四九下《百官志》乃因《旧》纪之异文，并称为按察采访处置使，尤误，可以《通鉴》校之。《通鉴》开元四年十二月条，实作罢十道按察使，不作罢采访使，更不作罢按察采访处置使也。《日知录》乃据《旧》纪而改《通鉴》，实为失考。今将开元中改置采访使之原委，钩稽各书，列表如下，庶于史源学及校勘学均有取焉。

<table>
<tr><td>巡察史</td><td>神龙二年置</td><td>《通典》三十二　《通志》五六
《会要》七七　《通考》六一
《旧》纪七　《通鉴》二〇八
《册府》一六二　《新》志四九下
《诏令》一〇三</td></tr>
<tr><td rowspan="4">按察使</td><td>景云二年置</td><td>《通典》三十二　《通志》五六
《旧》纪七　《通鉴》二一〇
《册府》一六二
《会要》七七作景龙三年
《通考》六一作景龙二年
《会要》误景云为景龙，《通考》因之。
但《通考》所本之《会要》尚是二年，
今本《会要》又误作三年。</td></tr>
<tr><td>开元元年九月罢</td><td>《通鉴》二一〇</td></tr>
<tr><td>开元二年闰二月复置</td><td>《旧》纪八　《通鉴》二一一
《诏令》一〇〇，又一〇四重出。</td></tr>
<tr><td>开元四年十二月罢</td><td>《旧》纪八作采访使，误。
《新》志四九下作按察采访处置使，尤误。
《通考》五九乃因之。
《通鉴》二一一作按察使。</td></tr>
</table>

续表

按察使	开元八年五月复置	《会要》七七　《通考》六一 《册府》一六二　《通鉴》二一二 《诏令》一〇四
	开元十二年五月罢	《通鉴》二一二 《通典》三十二作十年，《新》志四九下、《通志》五六、《通考》六一均因之，疑十下脱二字。
	开元十七年五月复置	《通典》三十二　《通志》五六 《旧》纪八　《通鉴》二一三
采访处置使	开元二十二年二月置	《通典》三十二　《通志》五六 《会要》七八　《通考》六一 《旧》纪八 《通鉴》二一三系于二十一年末。 《册府》一六二作二十三年，误。 《新》志四九下作二十年，亦误。 《通考》六一两见，其一作二十七年，尤误。

据上表，《通典》、《会要》、《旧》纪，均为第一等史源。《册府元龟》、《唐大诏令》则本于《旧书》及《实录》，《通志》则本于《通典》，《通考》则本于《会要》，《通鉴》及《新》志则杂采诸书而折衷之：然皆不能无误。《通典》误以开元十二年为十年，《会要》误以景云为景龙，《旧》纪误以按察为采访，《册府》误以开元二十二为二十三，《新》志则

误以开元二十二为二十，《大诏令》则开元二年复置按察制重出，均不得谓之无误。至《日知录》注之误以按察为采访，则又以《通鉴》之不误为误，而改从《旧》纪之误者也。校勘学之不可不讲如此！

顾炎武《部刺史》：“玄宗开元二十二年二月辛亥，置十道采访处置使。诏曰：‘言念苍生，心必遍于天下；自古良牧，福犹润于京师。所以历选列城，聿求连率，岂徒刺察，将委辑宁。朝散大夫、检校御史中丞、关内宣谕赈给使、上柱国卢绚等，任寄已深，声实兼茂，咸贯通于理道，益纯固于公心。或华发不衰，或白圭无玷，可以轨仪郡国，康济黎元。间岁已来，数州失稔，颇致流冗，能勿轸怀？而吏或不畏不仁，不安不便，诚须矫过，必在任贤。庶蠲疾苦之源，以协大中之义。若令行一道，利乃万人。朕所设官，以俟能者。’（原注：唐开元中，或请选择守令，停采访使。姚崇奏：‘十道采访，犹未尽得人，天下三百余州，县多数倍，安得守令皆称其职？’）”（《日知录》卷九）

（载于1948年1月19日天津《益世报·人文周刊》新第36期）

图版

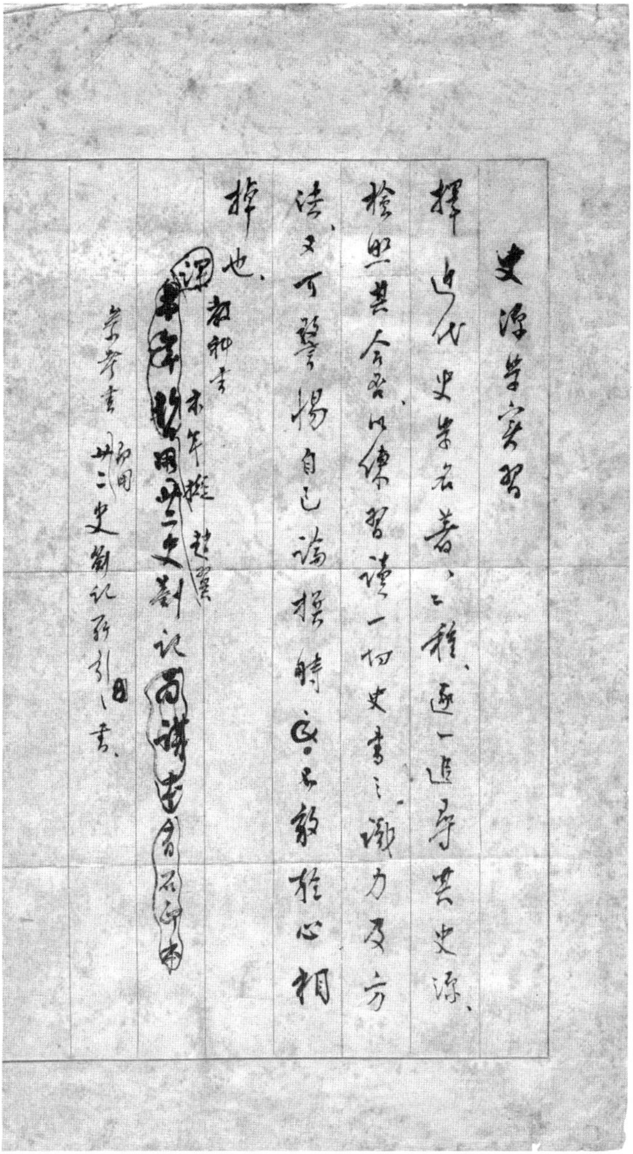
史源学实习

择近代史学名著一二种，逐一追寻其史源，检照其合否，以练习读一切史书之识力及方法，又可警惕自己论撰时之不敢轻心相掉也。

教科书：本年拟用赵翼廿二史劄记

参考书：廿二史劄记所引用之书。

史源学实习课程说明一

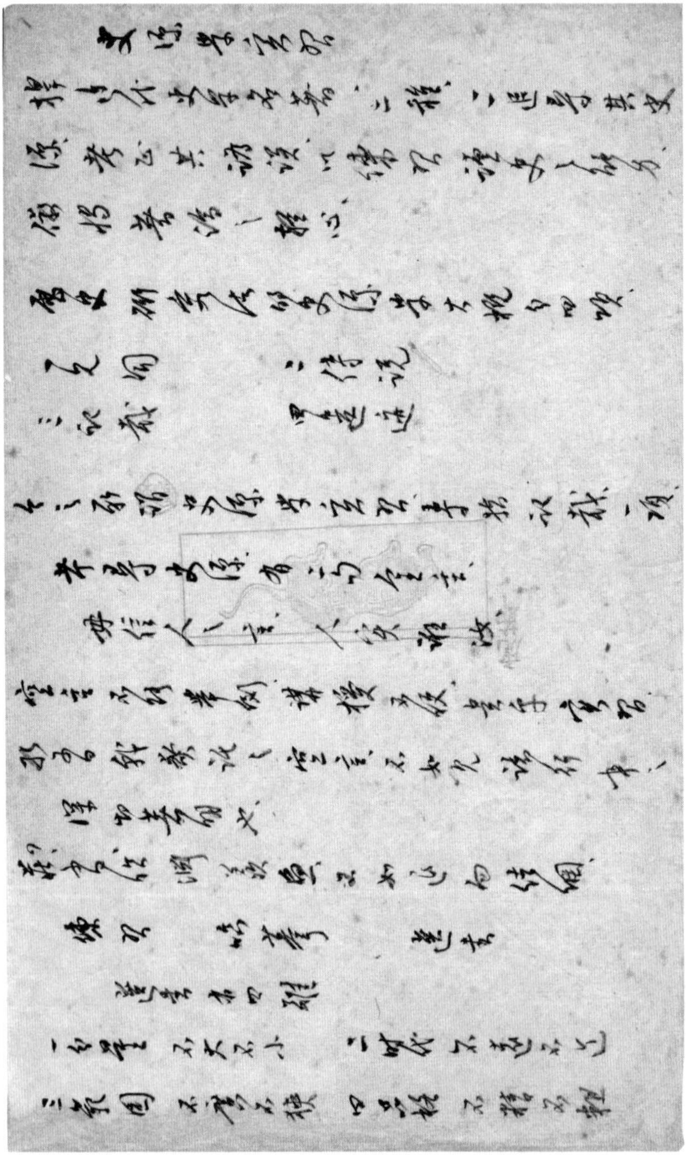

史源学实习课程说明二

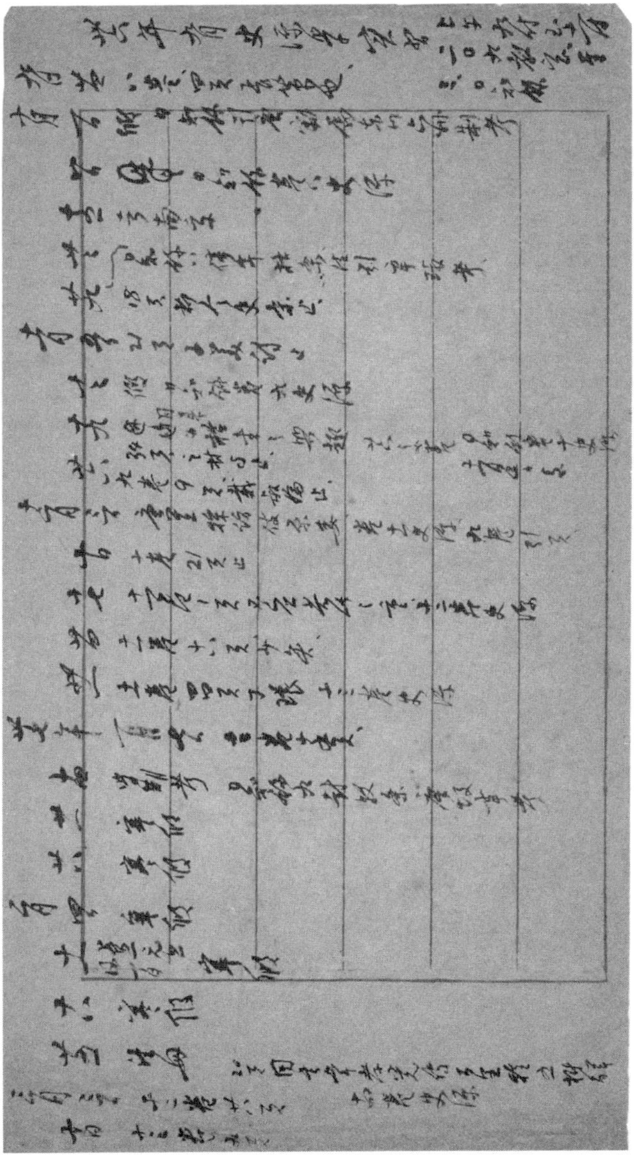

史源学实习教学日记一

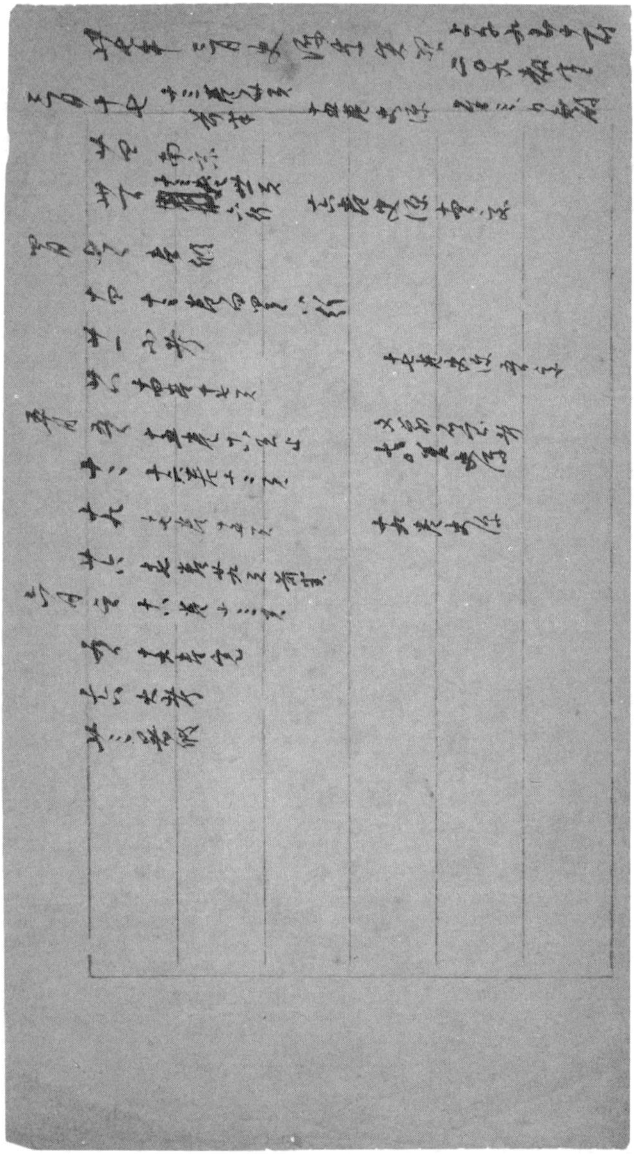

史源学实习教学日记二

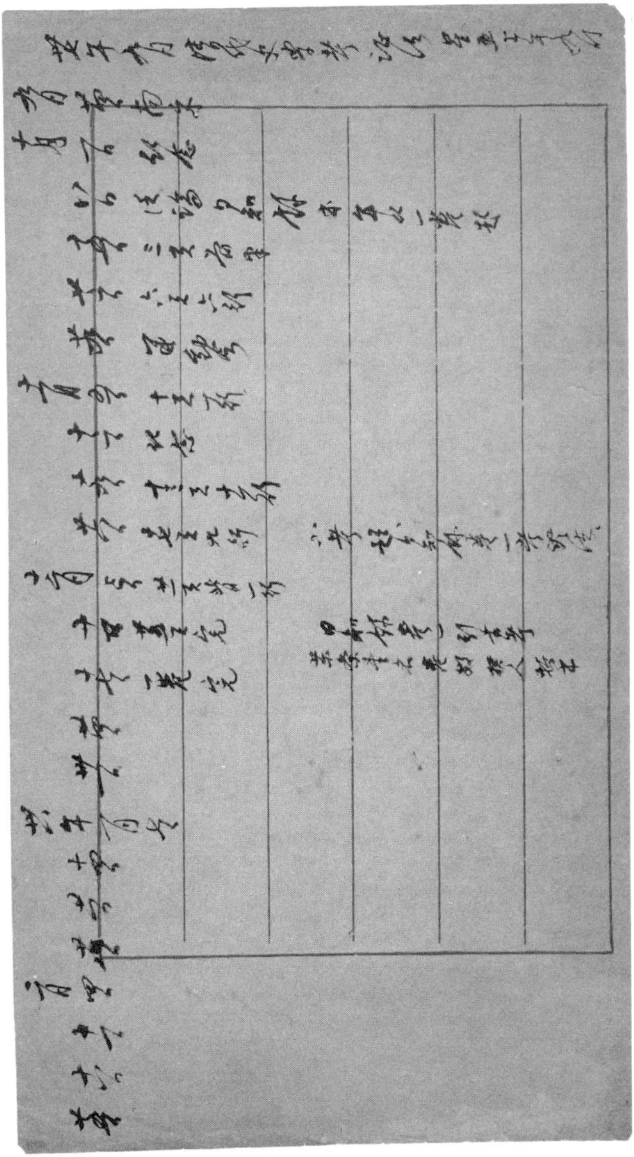

清代史学考证法教学日记一

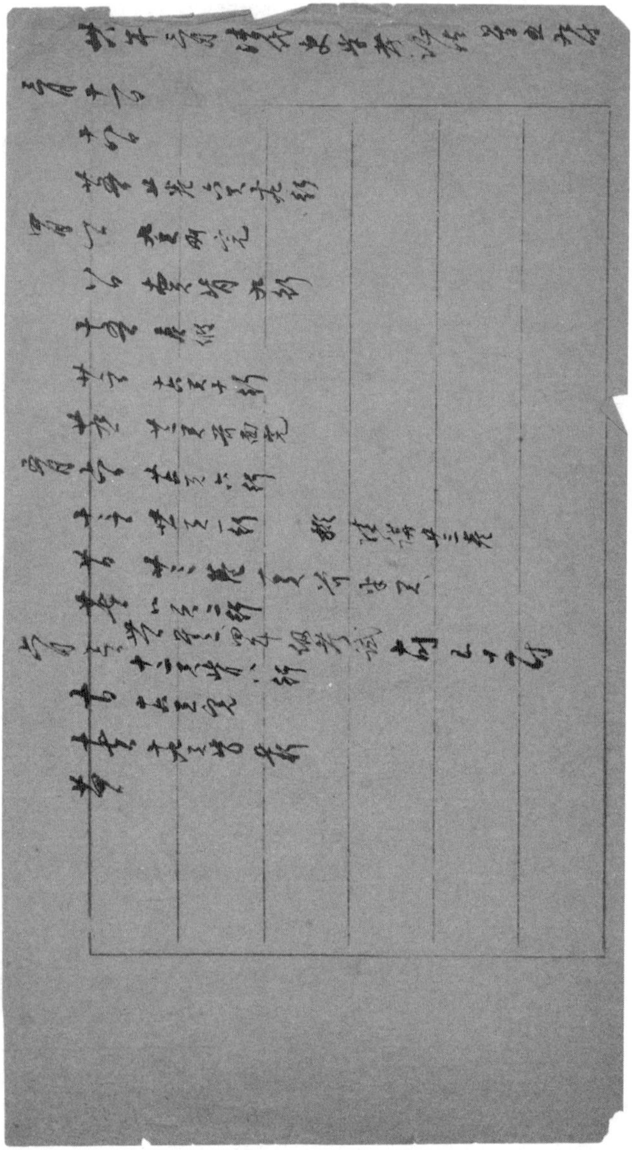

清代史学考证法教学日记二

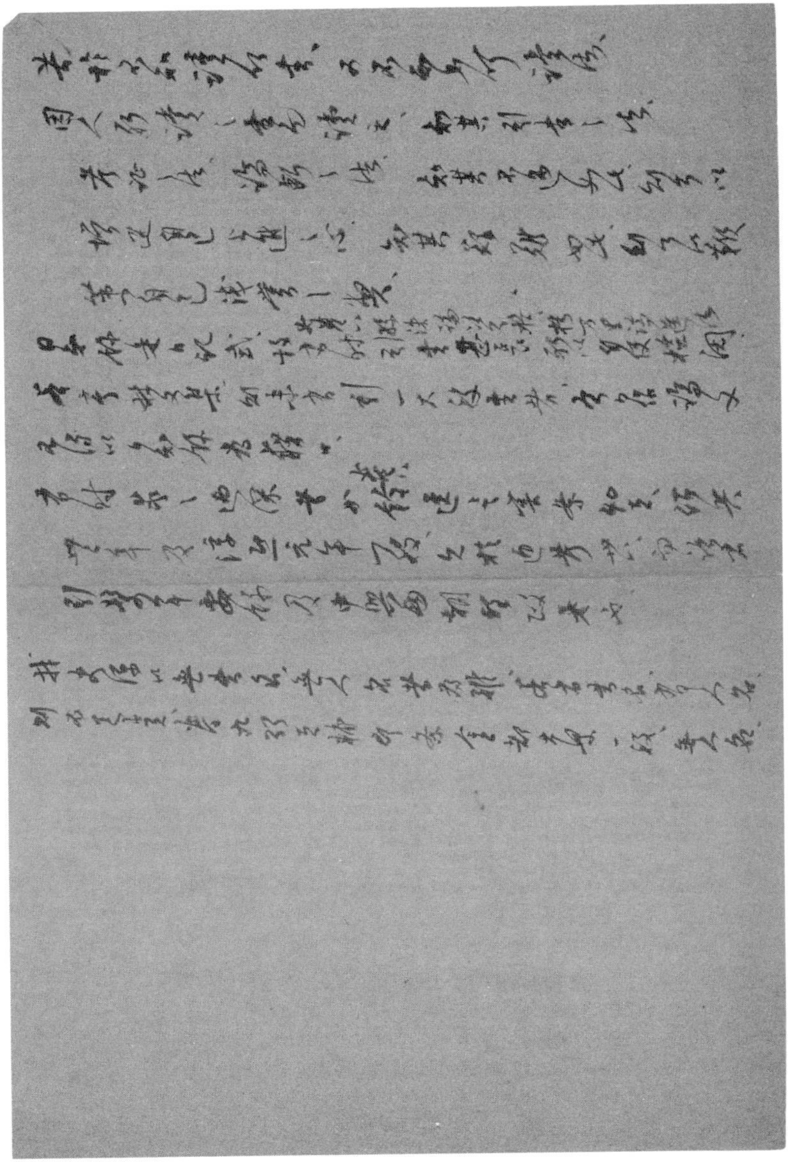

史源学实习札记一

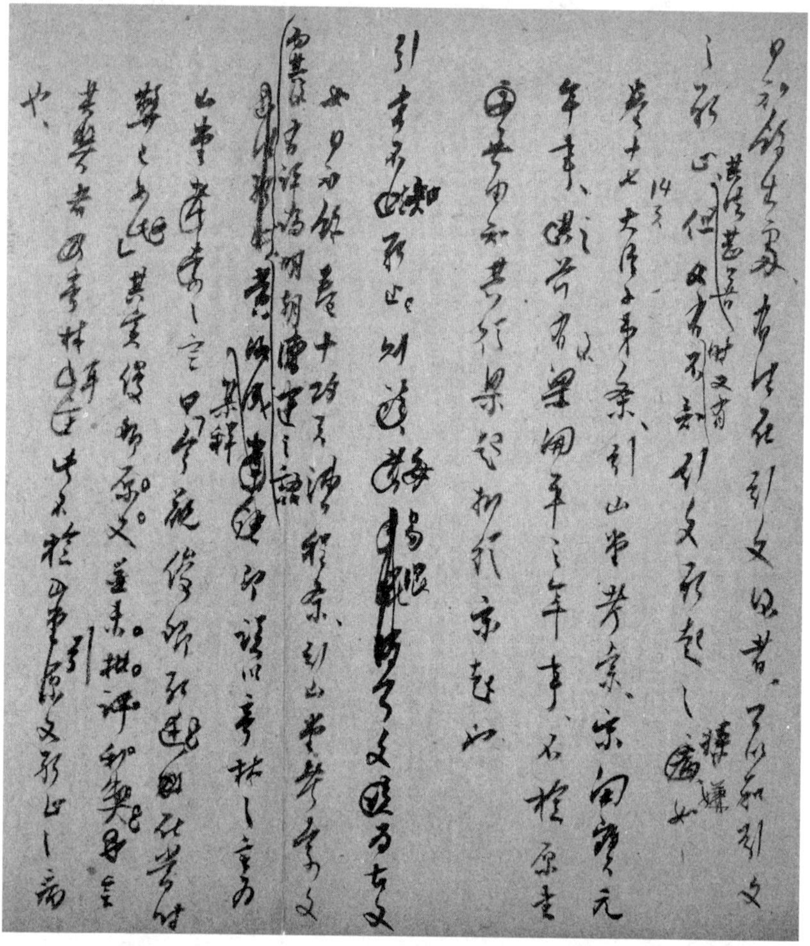

史源学实习札记二

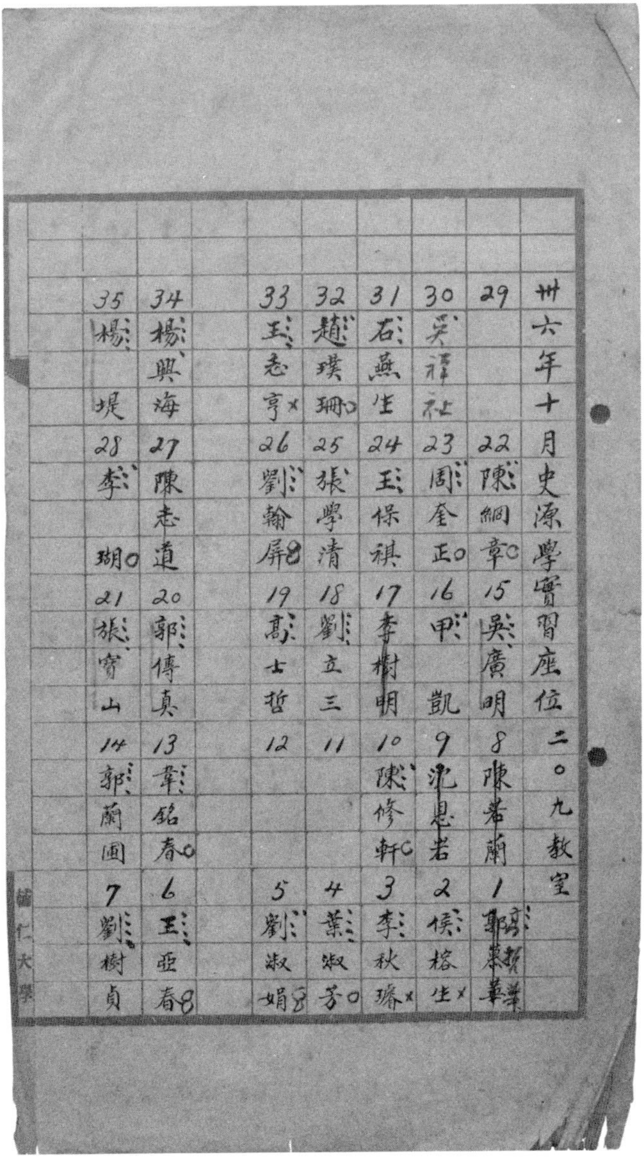
卅六年十月史源學實習座位　二〇九教室

29	30 吳祥社	31 石燕生	32 趙璞珊	33 王志亨	34 楊興海	35 楊堤
22 陳綱章	23 周奎正	24 王保祺	25 張學清	26 劉翰屏	27 陳志道	28 李瑚
15 吳廣明	16 申凱	17 李樹明	18 劉立三	19 高士哲	20 郭傳真	21 張寶山
8 陳芾蘭	9 沈思岩	10 陳修軒	11	12	13 韋銘春	14 郭蘭圃
1 郭蕙華	2 侯榕生	3 李秋璘	4 葉淑芬	5 劉淑娟	6 王亞春	7 劉樹貞

輔仁大學

史源学实习学生座位表

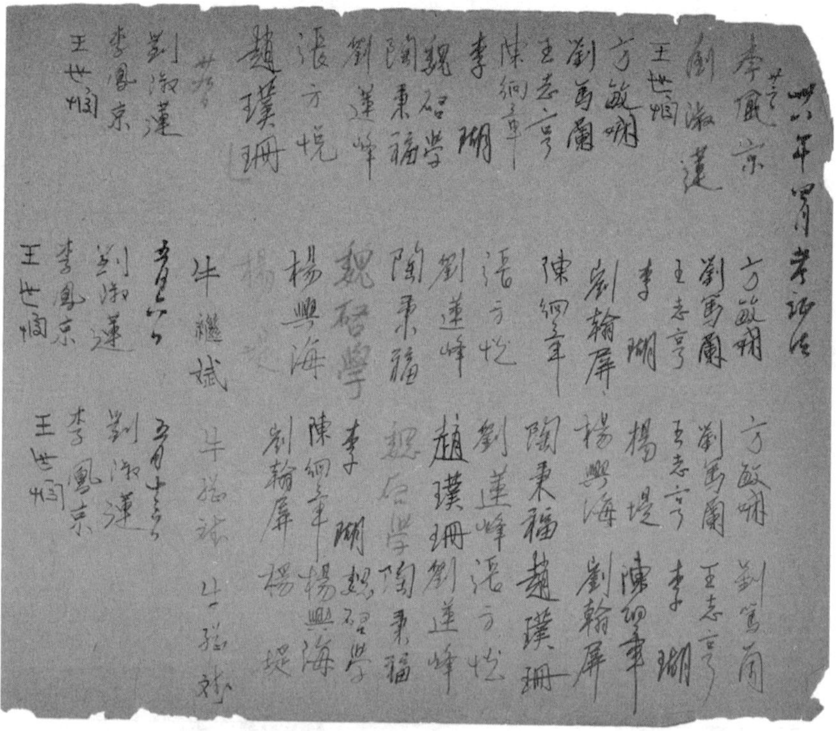

清代史学考证法签到表一

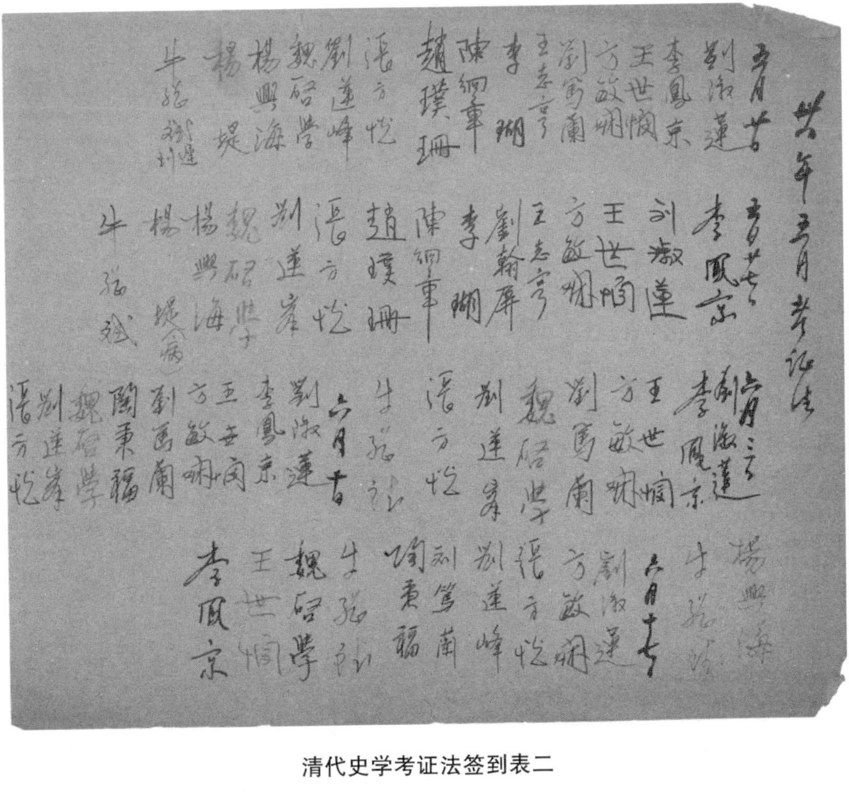

清代史学考证法签到表二

李瑚听讲笔记一

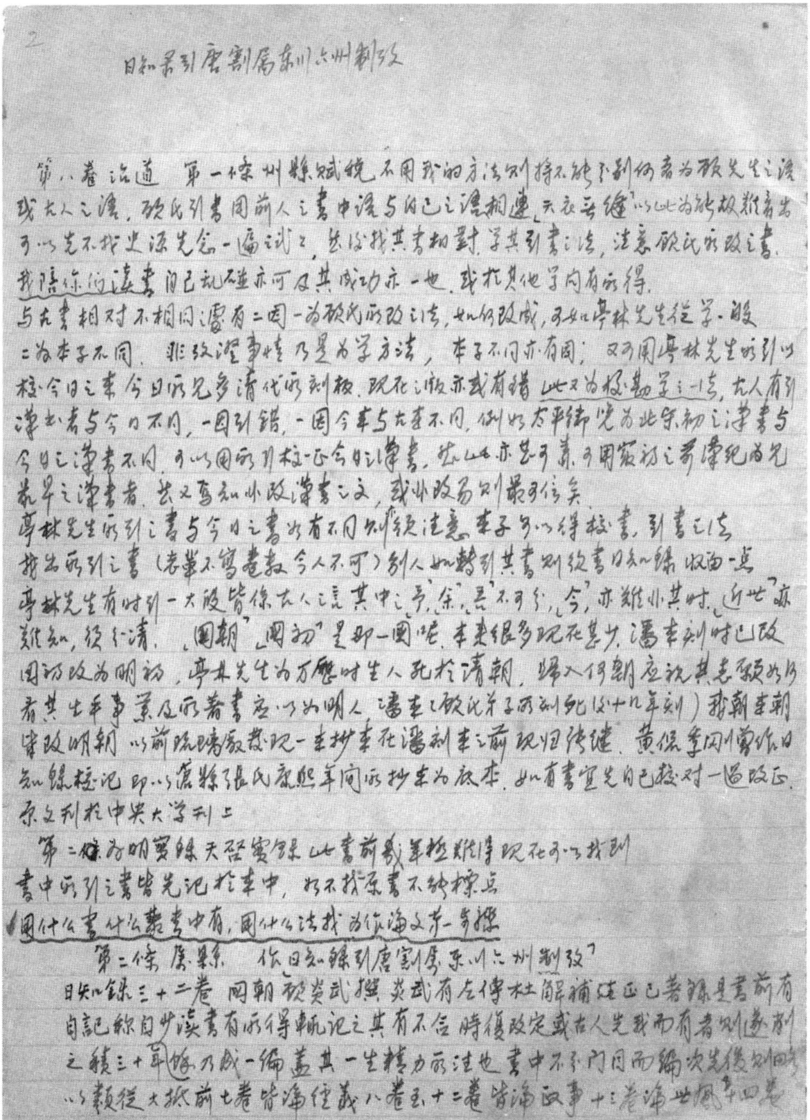

日知录引唐割属东川六州制敕

第八卷论道 第一条州县赋税 不用我的方法则将不能了解何者为顾先生之说或古人之说。顾氏引书同前人之书中说与自己之说相连，"云云云云"以此为能救断者出可以先不找出处先念一遍试之，然后找其书相对，学其引书之法，注意顾氏所改之书。我陪你们读书自己就碰不可及其成功亦一也。我於其他学问有所得。
与古书相对不相同之处有二因 一为顾氏所改之法，如何改成，可知亭林先生从学。路二为本子不同。非改理事情乃是为学方法，本子不同亦有同；又可同亭林先生所引以校今日之本 今日所见多清代所刻板。现在之版亦或有错 此又为校勘学之一法。古人有引汉书者与今日不同，一因引错，一因今本与古本不同。例如太平御览为北宋初之汉书与今日之汉书不同，可以用所引校正今日汉书。然此亦甚可靠，可用宋初之前汉纪为见最早之汉书者。然又焉知非改汉书之文，或非改易则最可信矣
亭林先生所引之书与今日之书如有不同则须注意。本子可以得校书，引书之法
找出所引之书（卷数不写卷数今人不可）别人如转引其书则从日知录收回一点
亭林先生有时引一大段皆系古人之说其中之"予""余""吾"不可不，"今"亦难以其时。"近世"亦难知，须于清。"国朝""国初"是那一国呢，本来很多现在甚少，潘本刻时已改国初改为明初，亭林先生为万历时生人死于清朝，归入何朝应视其意欲如何看其生平事业及所著书应以为明人。潘本（顾氏弟子所刻死后十几年刻）我朝本朝皆改明朝 以前路晓叡教授之一本抄本在潘刻本之前现归傅健。黄侃季刚曾作日知录校记即以济阳张氏康熙年间所抄本为底本。如有书宜先自己校对一遍改正。
原文刊於中央大学刊上
第二条为明实录天启实录 此书前几年校好的现在可以找到
书中所引之书皆先记於本中，如不找原书不能标点
用什么书什么卷书中有，用什么法找 为作论文第一步骤
第二条 展案 作日知录引唐割属东川六州制敕
日知录三十二卷 国朝顾炎武撰 炎武有左传杜解补正已著录是书前有自记称自少读书有所得辄记之其有不合时复改定或古人先我而有者则遂削之积三十余年乃成一编盖其一生精力所注也 书中不分门目而编次先后则略以类从 大抵前七卷皆论经义 八卷至十二卷皆论政事 十三卷论世风 十四卷

李瑚听讲笔记二

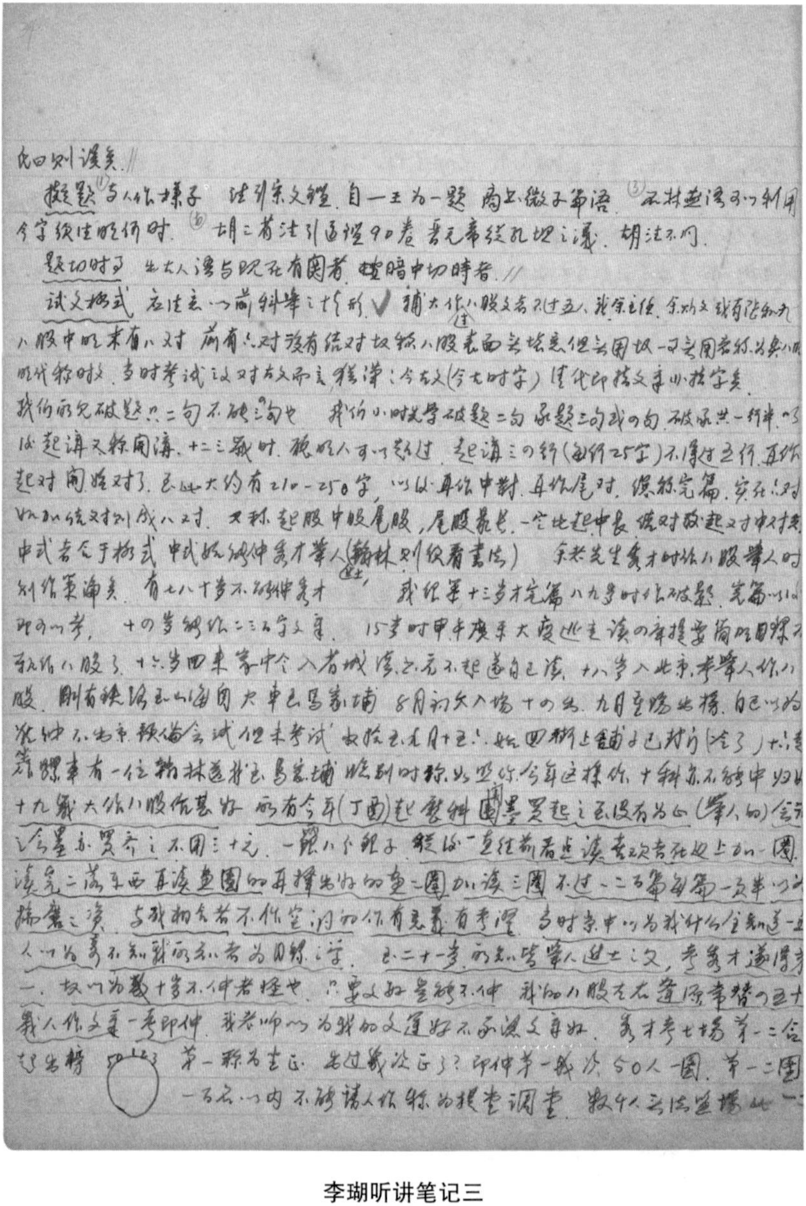

李瑚听讲笔记三

探驪得珠

日知錄八停年格條注引辛琡考　史三李瑚

日知錄八停年格條注引辛琡為吏部尚書上言劉亢之命繫於長吏若使惟取年勞不簡賢否義均行雁次若貫魚執簿唱名一吏足矣數人而用何謂銓衡書奏不納考辛琡之名史傳不載而其奏因崔亮奏立之停年格而上事關銓選故考之杜佑通典卷十六選舉四薛淑為吏部郎中先是崔亮奏立停年之格不簡人才專問勞舊淑乃上書通志卷五十九選舉略二及通考卷三十六選舉考九皆詳載其文惟皆作薛淑

考之正史則北齊書卷二十六有薛琡傳而載其書北史則附於卷二十五薛彪子傳後所載尤詳於此知通典因正史之文而

陈垣批改李瑚作业一

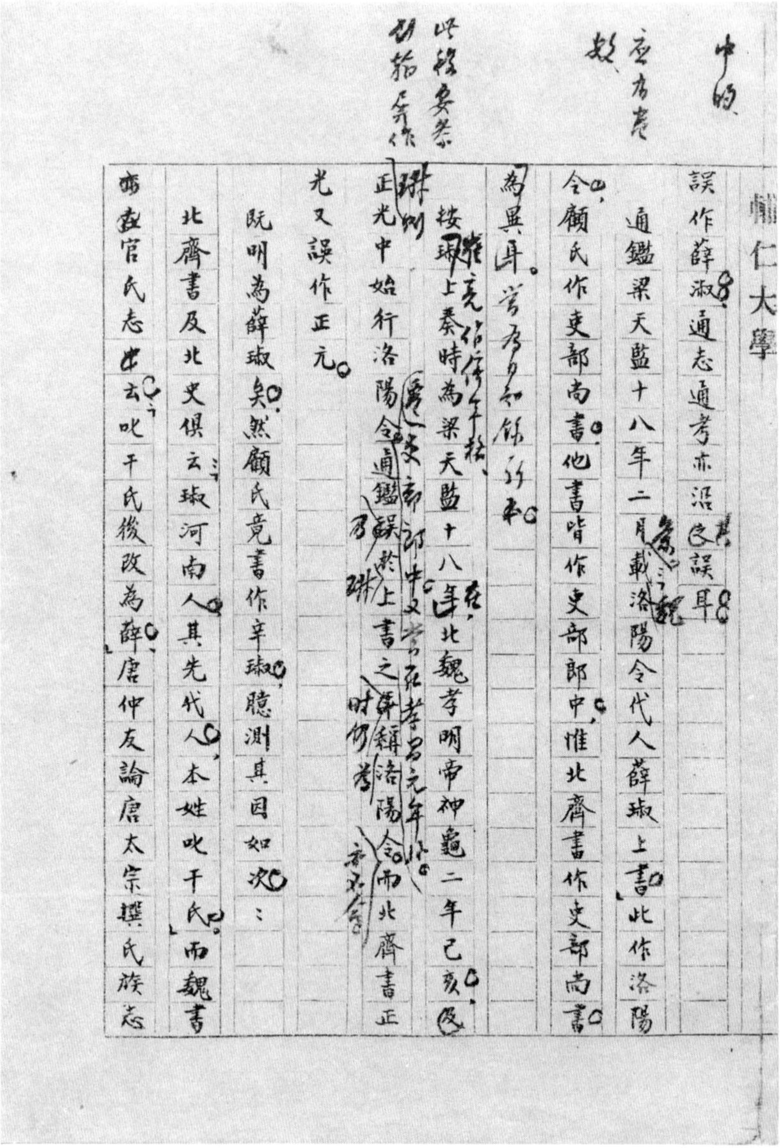
誤作薛淑，通志通考亦沿其誤耳。
通鑑梁天監十八年二月載洛陽令代人薛琡上書，此作洛陽
令。顧氏作吏部尚書。他書皆作吏部郎中，惟北齊書作吏部尚書
為異耳。
按琡上表時為梁天監十八年北魏孝明帝神龜二年己亥。及
正光中始行洛陽令。通鑑誤於上書之時稱洛陽令，而北齊書正
光又誤作正元。
既明為薛琡矣。然顧氏竟書作辛琡，臆測其因如次：
北齊書及北史俱云琡河南人，其先代人，本姓叱干氏，而魏書
官氏志云叱干氏後改為薛。唐仲友論唐太宗撰氏族志

陈垣批改李瑚作业二

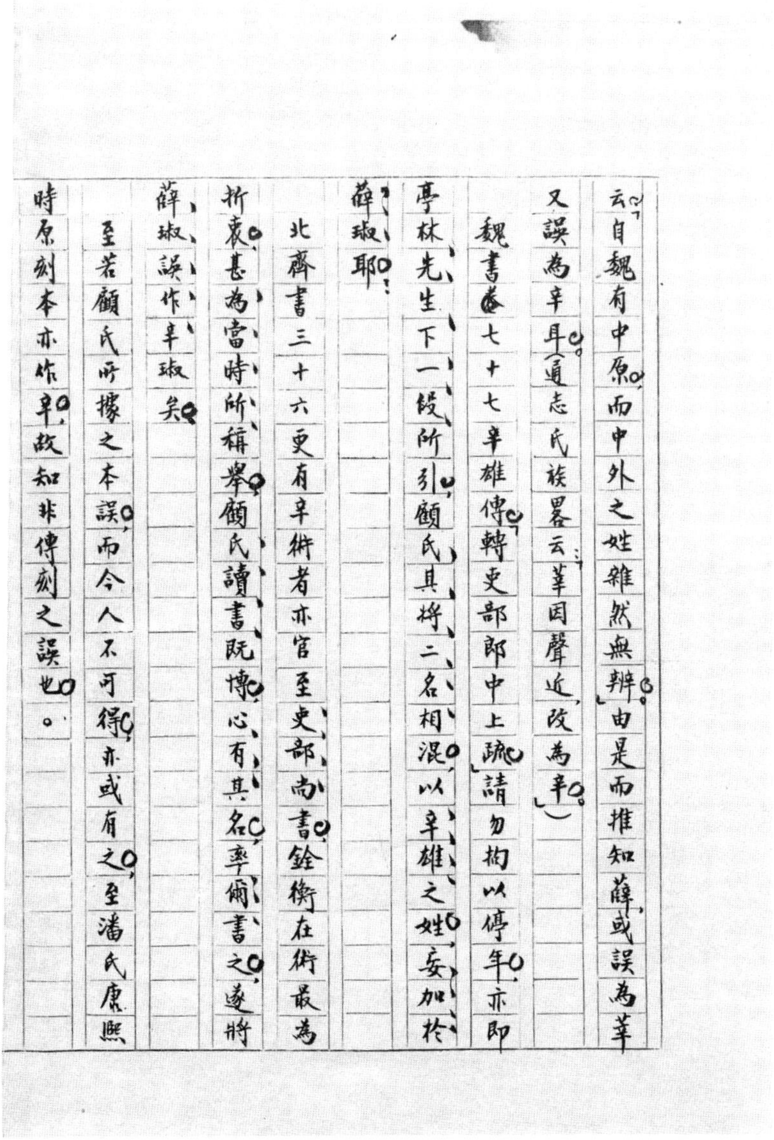
云：「自魏有中原，而中外之姓雜然無辨，由是而推知薛或誤為莘
又誤為辛耳。（通志氏族畧云：莘因聲近，改為辛。）
魏書卷七十七辛雄傳，轉吏部郎中，上疏請勿拘以停年，亦即
亭林先生下一段所引，顧氏其將二名相混，以辛雄之姓妄加於
薛琡耶？
北齊書三十六更有辛術者，亦官至吏部尚書，銓衡在術最為
折衷，甚為當時所稱舉。顧氏讀書既博，心有其名，率爾書之，遂將
薛琡誤作辛琡矣。
至若顧氏所據之本誤，而今人不可得，亦或有之。至潘氏康熙
時原刻本亦作辛，故知非傳刻之誤也。

陈垣批改李瑚作业三

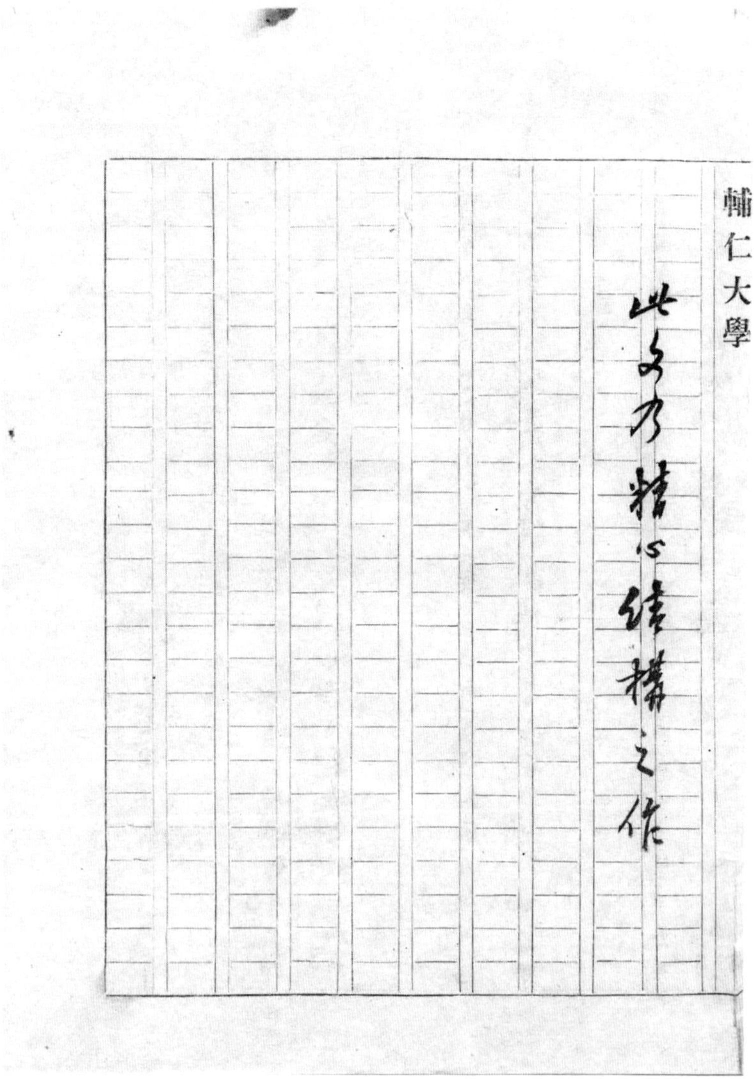

輔仁大學

此文乃精心結構之作

陈垣批改李瑚作业四

日知錄八停年格條注引辛琡考　三史 劉翰屏

凡考一事，當先就其已知之人時地等項而尋求之，若時地俱不明，而已知之人名又有誤，則唯一可資考證之線索者乃事耳。如日知錄八停年格條注云引、

辛琡為吏部尚書上言，黎言之命，繫于長吏，若使惟取年勞，不簡賢否，義均行雁，次若貫魚，執簿呼名，一吏足矣，數人而用，何謂銓衡。書奏不報。

此文時地俱無，其正文為崔亮奏立停年格事，疑辛琡亦後魏時人，然遍查魏書北史之目，無其傳，因以其事之性質查通典，果於卷十六選舉已載有吏部郎中薛淑上書論停年格之事，然事雖

陈垣批改刘翰屏作业一

相同、姓名與官爵則皆異、因檢北史二五有薛彪子傳、薛琡傳附
北齊書二六亦有薛琡傳、俱載此事、彪子、琡父也、魏書四四作虎
子、附薛野賭傳、虎子傳後亦列琡名、不知日知錄何以改薛為辛、
通典改琡為淑也、北齊書本傳云、
其先代人本姓叱干氏、
魏書一一三官氏志云、
叱干氏後改為薛氏、
足證薛氏雖非琡之原姓、然叱干氏改姓薛而非辛、可以無疑、或
鈔日知錄者、涉及本條第二段辛雄字樣而誤歟、通典以琡為淑、
或亦係傳寫之誤、通志五九、通考六三、雖並載此事、作薛淑、而皆

陈垣批改刘翰屏作业二

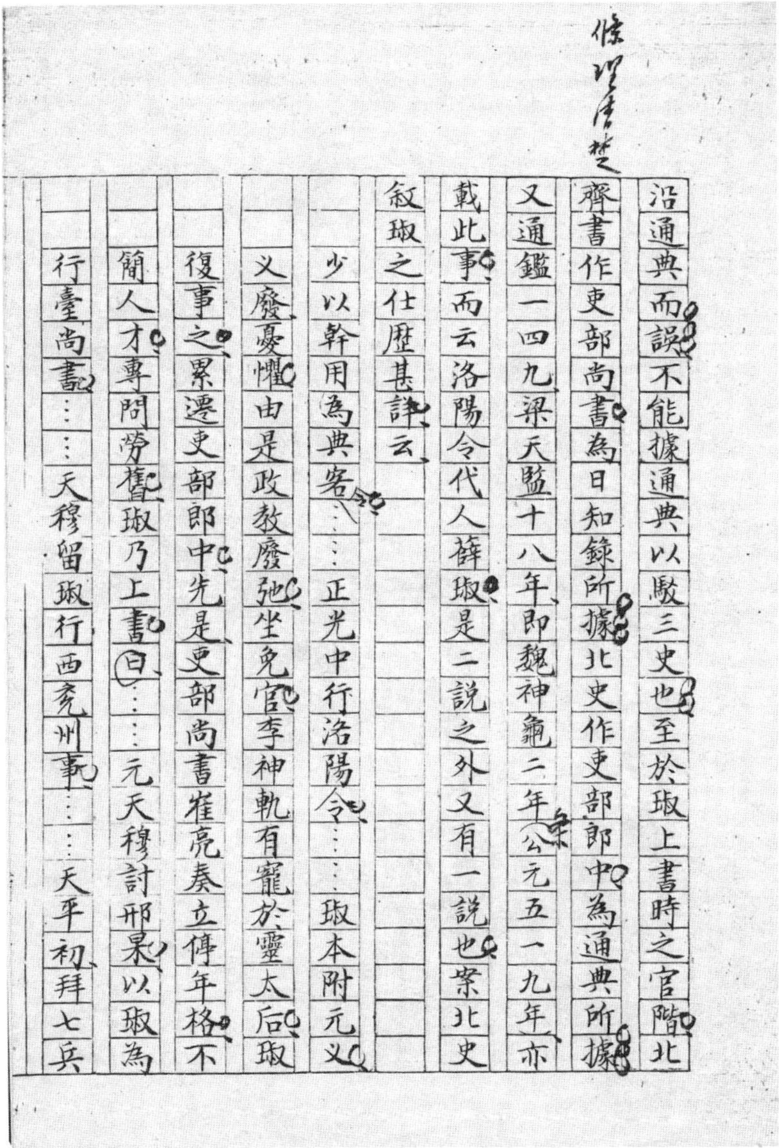
條理清楚

沿通典而誤，不能據通典以駁三史也。至於琡上書時之官階，北齊書作吏部尚書，為日知錄所據；北史作吏部郎中，為通典所據。又通鑑一四九梁天監十八年，即魏神龜二年（公元五一九年），亦載此事，而云洛陽令代人薛琡，是二說之外又有一說也。案北史敘琡之仕歷甚詳，云：

少以幹用為典客令……正光中行洛陽令……琡本附元乂，乂廢，憂懼，由是政教廢弛，坐免官。李神軌有寵於靈太后，琡復事之。累遷吏部郎中。先是吏部尚書崔亮奏立停年格，不簡人才，專問勞舊。琡乃上書曰……元天穆討邢杲，以琡為行臺尚書……天穆留琡行西兗州事……天平初，拜七兵

陈垣批改刘翰屏作业三

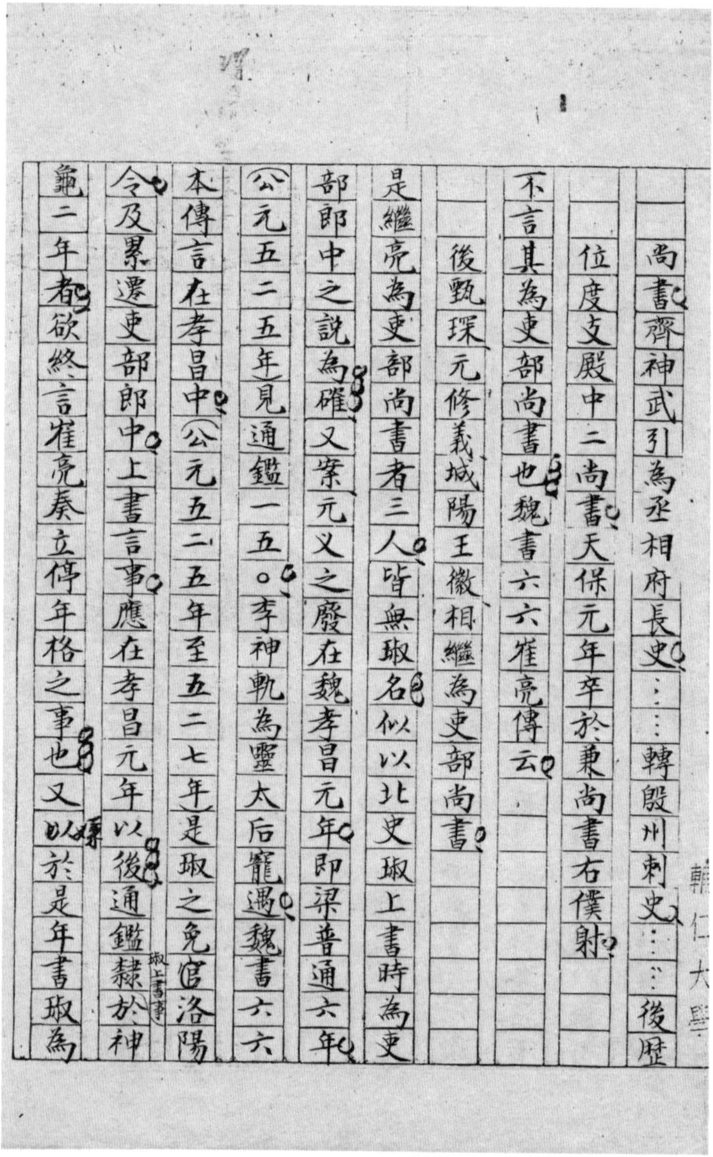

尚書、齊神武引為丞相府長史、……轉殷州刺史、……後歷
位度支殿中二尚書、天保元年卒於兼尚書右僕射。
不言其為吏部尚書也。魏書六六崔亮傳云。
後甄琛元修義城陽王徽相繼為吏部尚書。
是繼亮為吏部尚書者三人。皆無琡名。似以北史琡上書時為吏
部郎中之說為確。又案元乂之廢在魏孝昌元年。即梁普通六年。
（公元五二五年）見通鑑一五〇。李神軌為靈太后寵遇。魏書六六
本傳言在孝昌中。（公元五二五年至五二七年）是琡之免官洛陽
令及累遷吏部郎中。上書言事。應在孝昌元年以後。通鑑隸於神（琡上書事）
龜二年者。欲終言崔亮奏立停年格之事也。又以隸於是年書琡為

陈垣批改刘翰屏作业四

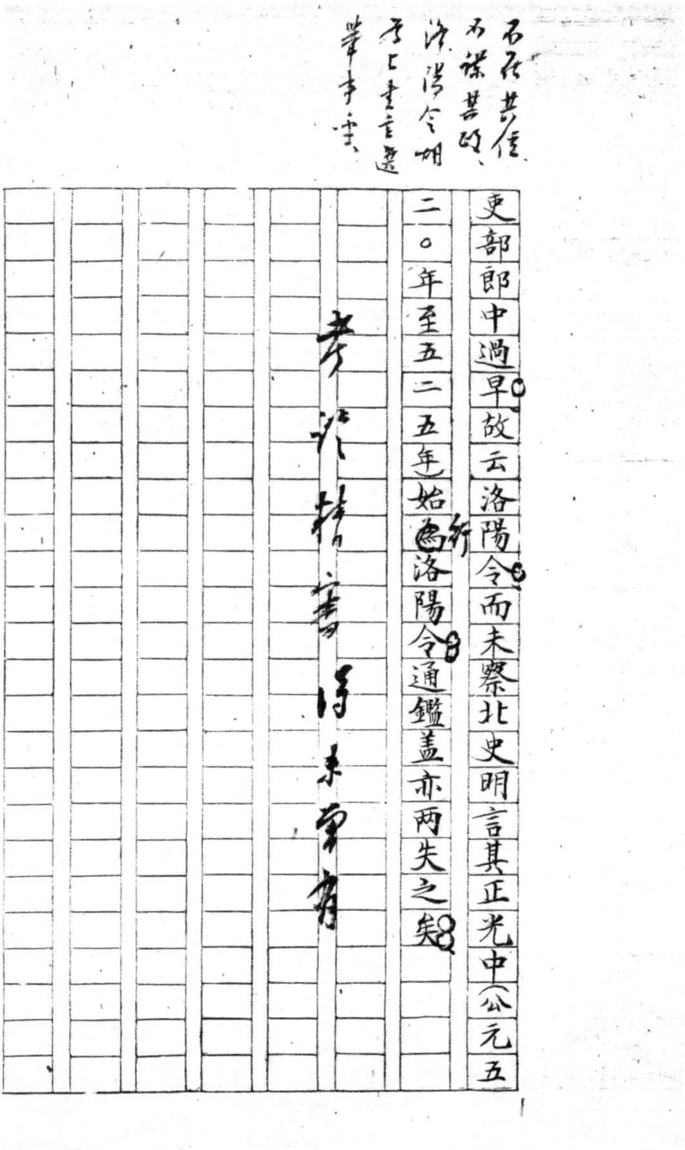
不在其位
不謀其政、
洛陽令明
年上書言選
舉事矣。
吏部郎中過早，故云洛陽令，而未察北史明言其正光中（公元五
二〇年至五二五年）始為（行）洛陽令。通鑑蓋亦兩失之矣。
考證精審，得未曾有

陈垣批改刘翰屏作业五

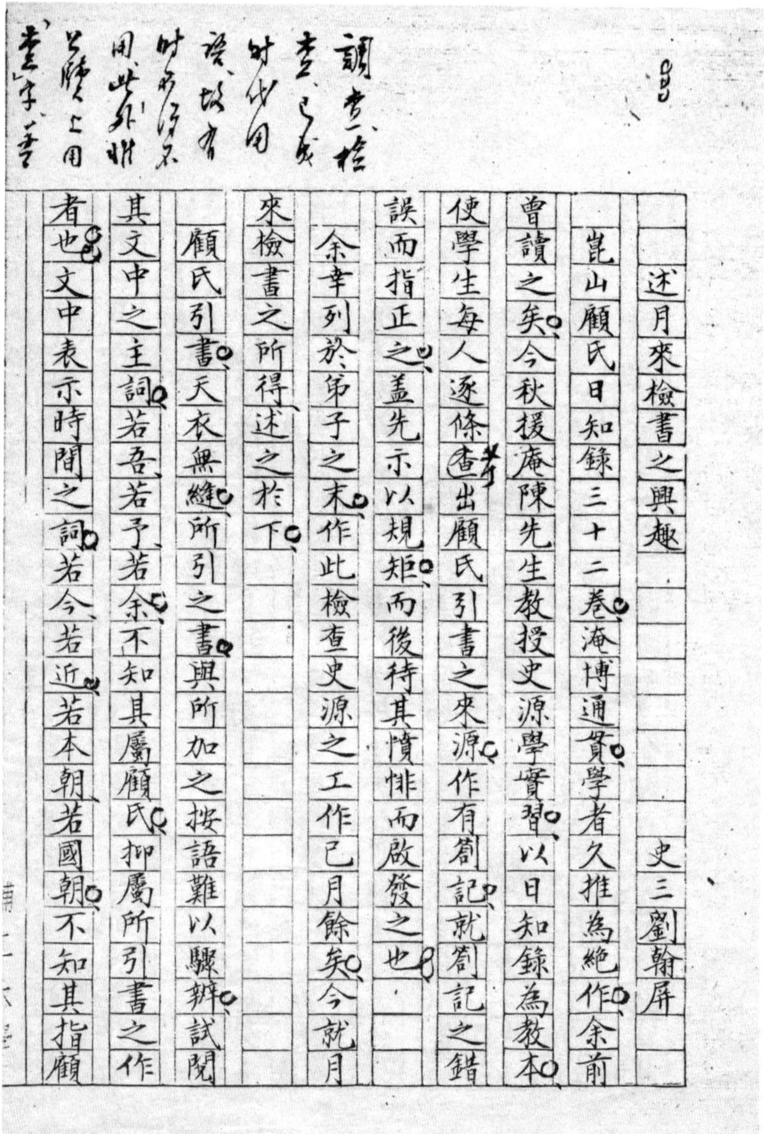
述月來檢書之興趣

史三 劉翰屏

崑山顧氏日知錄三十二卷，淹博通貫，學者久推為絕作，余前曾讀之矣。今秋援庵陳先生教授史源學實習，以日知錄為教本，使學生每人逐條查出顧氏引書之來源，作有劄記，就劄記之錯誤而指正之。蓋先示以規矩，而後待其憤悱而啟發之也。余幸列於弟子之末，作此檢查史源之工作已月餘矣，今就月來檢書之所得，述之於下。

顧氏引書，天衣無縫，所引之書，與所加之按語，難以驟辨，試閱其文中之主詞，若吾、若予、若余，不知其屬顧氏抑屬所引書之作者也。文中表示時間之詞，若今、若近、若本朝、若國朝，不知其指顧

陈垣批改刘翰屏作业六

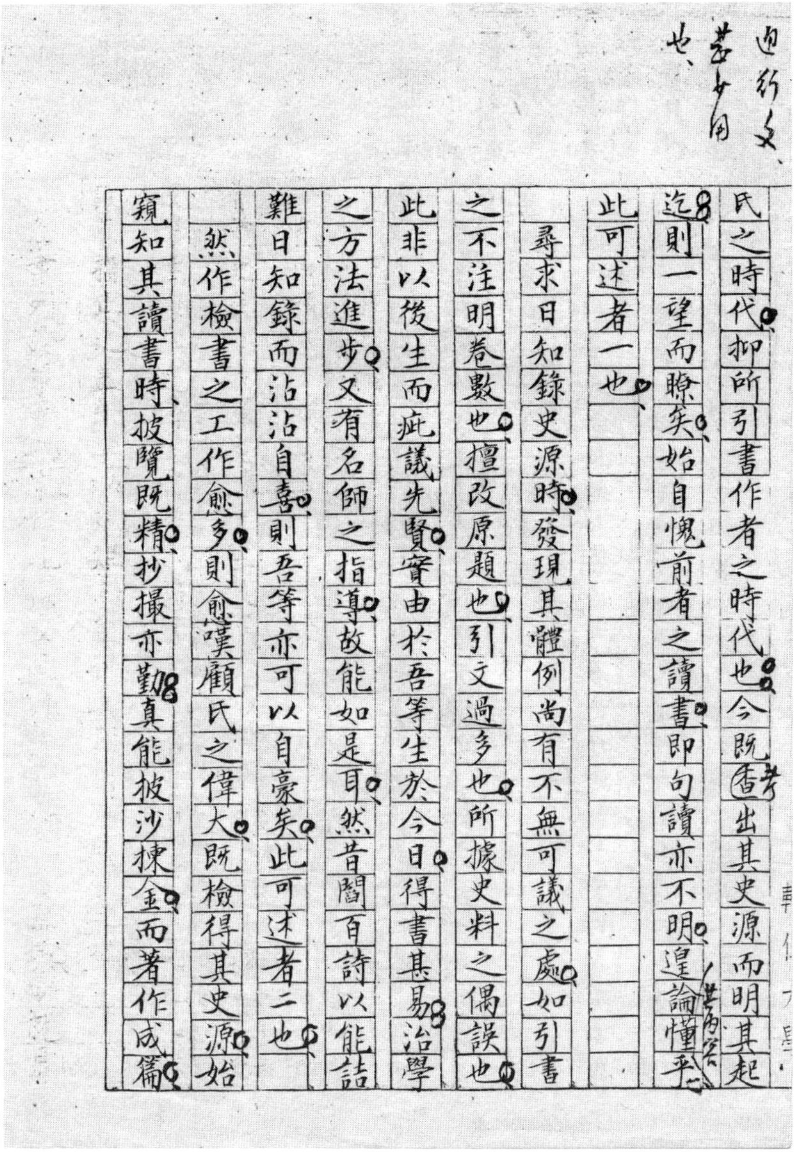

氏之時代，抑所引書作者之時代也。今既查出其史源而明其起迄，則一望而瞭矣。始自愧前者之讀書，即句讀亦不明，遑論懂乎。此可述者一也。

尋求日知錄史源時，發現其體例尚有不無可議之處，如引書之不注明卷數也，擅改原題也，引文過多也，所據史料之偶誤也。此非以後生而疵議先賢，實由於吾等生於今日，得書甚易，治學之方法進步，又有名師之指導，故能如是耳。然昔閻百詩以能詰難日知錄而沾沾自喜，則吾等亦可以自豪矣。此可述者二也。

然作檢書之工作愈多，則愈嘆顧氏之偉大。既檢得其史源，始窺知其讀書時，披覽既精，抄撮亦勤，真能披沙揀金而著作成篇

陈垣批改刘翰屏作业七

能運用材料，自成機杼，每述一事，原原本本，究其始末，其功力之深，組織力之強，實堪驚異。今余僅鑽研其一兩卷之書而自以為能者，實不啻以蠡測海耳。於是又不禁惘然自失矣。此可述者三也。

總計余月來檢書之心情，時而自愧焉，時而自豪焉，時而自失焉。蓋因能微有所得，而始能悉此中之甘苦焉。陶元亮云：每有會意，便欣然忘食，則余之所得，豈僅足以欣然忘食而已乎。

文固佳，字亦好，故令人覺得其文之可愛，非諛焉。

字不要潦草。

陈垣批改刘翰屏作业八